一代漂泊文人

姚錫佩 著

前言

一代漂泊文人

二十世紀的中國文人命運多舛，本書講述了其中五個家庭出身背景迥然不同，經歷大異，卻都嚐盡了漂泊滋味的小說家、雜文家、翻譯家、戲劇家、學問家。為什麼出這個文集？又為什麼獨獨選出這五位來？說來全是我生命中的偶合。

我本是一個很樂意吃開口飯的中學教書匠，不料在中國的文化大革命中，教語文者必須宣講政府發下的紅頭文件（檔標題都是紅字），直至我講得連自己都討厭自己了，便想找一個能不說話或少說話的地方安生。有人介紹我去報社，天哪，這是喉舌集中的地方，豈能去？尋摸了許久，忽聽我在魯迅博物館工作的學兄張小鼎說，魯迅有不少藏書，可惜看的人不多。那時愛看書的我便聽入耳了，心想，這倒是一個犄角旮旯的好去處。然而，我哪有能耐踏進這在當時被視為神聖之地的大門？不意有明人指點說：魯迅之子周海嬰先生已上書國家主席毛澤東，要求加強魯迅著作的出版和研究，並提名請天津南開大學中文系教授李何林先生來魯迅博物館建立魯迅研究室，主持招收研究人員等事宜。又說：你是李先生的學生，何不求求老師？我是何林老師的弟子不假，但是我素來躲著不苟言笑的老師走，現在有事怎登三寶殿？無奈之下，便請何林師的研究生——我的學姐張菊香代為傳言。不知她在先生面前説了我什麼好話，竟一舉成功。儘管當時學校不肯放我，但禁不住中央組織部的一紙調令，輕輕地就把我「吊」走了。同事們奇怪我這個曾被拋出檔案中寫有種種政治思想行為「過失」的倒楣蛋，怎麼會與有權有勢的組織部發生關聯？後來我的老同學們聽了我的經歷，也羨稱我是一個幸運兒。唉，人生，就是這麼奇妙！莫非我真的和魯迅有緣？

總之，我從此改吃人們俗稱的「魯迅飯」。不過，這口飯可不好吃。那時，整個文壇學界，彷彿只有一個魯迅可研究，學界人士幾乎都擁擠在這個臺階下往上走，其中有不少學有素養的佼佼者，魯迅研究的論文隨處可揀。按理説，研究一個作家，首先要從他的文本著手，然而我覺得自己難以跳出教書匠的思路。至於搞理論研究，我平時就記不住那些高頭宏文裏的道理，若自己去寫，只能當個文抄公。我很感謝何林老師慧眼識得我的特長——愛看書，他分配我撰寫《魯迅年譜》，於是我就能如願地泡在各個安靜的圖書館一角，尋覓各色古舊報刊書籍；還能堂而皇之地進入魯迅的聖地——文物庫房，翻閱魯迅親手觸碰過的一紙一物。當然，要看到一級文物，還有許多困難，但我最高興的是看到了一些史書中提及卻無法在市面上找到的書。我很想借讀魯迅讀過的書，觸碰到魯迅的思想脈絡，於是開始自覺地讀魯迅藏書。這其中的好處，特別是啃他那些外文藏書的收益，絕不是幾句話能説清，且留待以後再表。

在此只説我在這些發黃的舊紙堆裏認識的人物，其中有不少是生

前言

一代漂泊文人

長於十九世紀末的魯迅同輩，更多的是他們的後輩——二十世紀初出生的文人學子。舊紙堆裏傳出了這父子兩代人心靈上的苦悶、不安、騷動、憤懣、掙扎、吶喊、乃至起而鬥爭的聲音。這些幾乎在同一或先後時間發出的呼喚，乍聽近似，細辨卻聲聲相異。正是這種異同令我著迷，不由循聲而往，竟看到了一具具令人震顫的血肉之軀。我的「魯迅研究」由此生出些岔道，柳亞子狂放率性的詩人夢想，茅盾嚴謹周密中關不住的春光，周作人苦茶庵中苦澀人生，瞿秋白書生氣的超人追求，郁達夫形似沉淪的清醒，胡適之和陶行知的徽駱駝精神，無不吸引著我去探究前賢們心靈深處的閟契，乃至和魯迅的異同。而他們之後的一代學子對個人和祖國前途更為自覺、強烈的追求，更為坎坷的人生，更有不少是我這一代人親耳聽說，親眼目睹，親身感受的，他們之中有的還是我的師友，因此不由在他們身後提筆寫出我的感觸和思考。如此拉雜寫來，筆下竟有了一、二十位。其中還有幾位是摻和到中國文壇上來的美國人，如斯諾和他的前夫人海倫・福斯特，及史沫特萊、斯特朗（學界簡稱他們為「三S」）。最初我只是因為他們曾和魯迅或中國革命發生關係而關注他們，然而探尋之下，竟發現他們跟中國二十世紀文人一樣，都處在極不安定的環境中，有的結局極慘。而曾經和他們相交，並在她丈夫辦的《亞洲》雜誌上發表「三S」及魯迅作品的賽珍珠，雖然曾因為寫中國農民的生活而榮獲諾貝爾文學獎，但在二十世紀意識形態極端對立的世界中，也是備受爭議，我不由寫下這一個渴望擁有幾個世界，卻陷在文化衝突中的悲劇人生。記述這些人物，本不是刻意經營的結果，所以都不是什麼煌煌大著，也無驚人的發現和思想，發表之後自然就散落各處，或任他人收於某些文集中。

不料在海峽對岸竟有一位素不相識的蔡登山君，讀了我的一二篇文章後，竟要給我編輯一本寫人物的文集。盛邀之下，終於動心，便根據他策劃的《世紀映像叢書》的特色，搜出曾撰述的五位都有漂泊經歷的二十世紀文人，編為一集。

我為什麼寫這五位文人，其實也是生命中的偶合。

柔石是我少年時代就崇敬的一位烈士，不意在中年時會奉命協助其子趙帝江先生編輯《柔石日記》。當我手捧烈士遺留的寫於上世紀二、三十年代，題名為《逝影》和《從心所欲》的日記，透過又薄又脆且已泛黃的紙張，細細辨識那蘊含在略顯潦草字跡下的作者情感，呈現出來的竟不是我過去臆想的革命志士形象，而是一個對生活、前途、愛情、婚姻都充滿了緊張期待的漂泊青年，是一個時時處在極度不安、熱烈追求、萬分刻苦中的「時代兒」。繼而，我讀了他在短短八年創作生涯中留下的一百多萬字作品，真切地看到一個青年作家紮紮實實的成長過程，心中不由時時升起魯迅當年悲憤的惋惜：「中國失掉了很好的青年」。柔石是倒在專制政體的槍口下，也是死在同黨異見者的出賣下。烈士的鮮血造就了我一雙眼光：看一個政黨能不能建設一個民主的國家，先看此黨內有無真民主。因此，我後來為河南黃河文藝出版社編輯了《柔石代表作》，在書前寫下對這位死於非命的年青作家的感受。這就是收在本集中換了標題並略作修改的〈慘遭戕殺的青年作家柔石〉。

若說寫柔石是為公家工作的副產品，那麼寫紺弩，純粹是私人生活中的某些巧合。聶紺弩其名我早就聽說過，但稍有重視，則是在

前言

一代漂泊文人

一九七五年間，我楚琦姨媽來京住在我家時。因為她有時去留日期間的好友周穎那裏住，我才得知周穎的丈夫就是聶紺弩，而且與魯迅曾有聯繫。那時我正想進魯迅博物館工作，便異想天開，要求姨媽找聶為我幫忙。可是姨媽一臉苦相，久久不言語。直到一九七六年冬，她才從上海來信讓我去探望剛被特赦出獄的聶紺弩，於是有了和聶一家的種種接觸。我很為紺弩老人的經歷和心態震竦，便以他的詩〈路越崎嶇越坦平〉為題，寫下了有關聶紺弩的第一篇文章，未料得到聶老的認可。這大概就是在他謝世後，周穎無人可找，才讓我為聶老編紀念集的原因吧。當我收到來自天南地北的文稿時，我驚奇這個又乾又瘦的紺弩竟有這麼多真誠思念他的好朋友，便把紀念集定名為《聶紺弩還活著》，自己也開始認真思考聶紺弩給我們留下的思想遺產，寫了收在本集中的〈雜文大家聶紺弩的坎坷路〉。說來也怪，我寫紺弩的文章，總會很得編輯的重視，並為各方轉載。就以這篇〈坎坷路〉來說，初載在頗有改革開放思想的《炎黃春秋》一九九二年第七期，同年竟被官方權威刊物《新華文摘》第九期轉載，不久又飛到了海峽對岸的《傳記文學》中。而對作者我來說，遭遇極慘。因該文初載時即有近二十處誤刊，幾經私自轉載，已錯到慘不忍睹的地步。可見其被重視，非我文采，而是聶紺弩其人其事其思，太值得人回味了；也證明了斯人還「活」著，並非虛言。

　　這次編輯要我把〈為周穎辨正〉也附錄上，我很感謝。因為它是我在不由自主地為周穎之不幸流了幾夜淚後，才決定寫出來的文字。可是寫出來後，恰遇章女士的書被「暗禁」，連同我這樣的批評文字一併不能發表。雖然有人說可幫我找到發表處，但我很不願意在禁書的地方，發表對她的批評，一是不想參加任何「合唱」，二是希望有正常的批評和反批評的社會環境。幸有認識紺弩夫婦的前輩將拙文推薦給香港《信報》，沒想到該報竟用兩個版面刊登了（僅因版面關係截了最後一段），還給我這篇未及加工的長文，編列了合適的小標題。幾乎在同一時間，最初發表章女士文章的北京《新文學史料》在沒有通知我的情況下，略有刪節的發表了我曾散發給他們的文字。不少人看了，表示對我支持。但也有我的朋友認為我不該寫，更有與紺弩夫婦沒有或沒有太多接觸的人，搖著頭説我並不瞭解聶、周二人。誠然，我對二老豐富的經歷和情感，不會全都瞭解。但我總不能抹掉自己耳聞目睹的事實，及已認識的他倆每個階段不同的情感基調，而讓那些極端片面的傳言在我的腦海裏跑馬吧。當然，我的見聞也是供人鑒驗的。這次我又把《信報》刪去的最後一段補上，是因為我要傳達當初決定寫此文的想法之一，即我不希望過去「文革」中形成的憑個人好惡，誇大其事、聳人聽聞、無限上綱的殺人文風再變相延續。若此風不改，則一切「人道」、「民主」、「法制」之談，都會成為泡影。長此下去，中國怎生了得？本人就因為讀了此類傳記，已從一個愛看書的人變成對什麼書都懷疑，不願再看書，甚至不願再寫什麼東西的孤獨者。這種情緒，直至去年底才被迫稍有改觀。

至於我寫姚克和徐訏這兩位才子文人，更是出於偶然。我曾一度研究斯諾，也關注姚克，可是一直找不到其人的消息。有幸的是，他的妻女不遠萬里回到故國，使我們有緣相逢。因此得悉姚克雖然一直避禍海外，但依然心繫祖國，當他一聽到平反的消息，便激動地要歸來，然而，病魔卻使他客死異鄉。這是一位生活不窘迫，但精神無所歸的漂泊者。在異鄉他國，他的才華和愛好難以獲得極致的發揮，如他已把李長吉（賀）難解的詩謎解得百分之九十九，卻無力出版它。這令我惋惜不已，心中又升起了與當年魯迅相似的感歎：中國失去了很多有才華的人，不正是黑暗的專制政體造成的嗎？因此立意寫一寫姚克的一生功績。可是我太閉塞了，掌握的材料太少，只能以〈漫話著名戲劇家、翻譯家姚克〉為題作粗略的勾劃，唯願起到拋磚引玉的作用。我寫姚克，還因為有感於她妻女的真誠。尤其是姚湘小姐，她生在異國，不會說華語，又是一位頗有成就的金融家，然而她樸實無華，在她的行止和眼神中流露著對故國和父親老友的眷念之情。她曾給我寄來她寫的一首詩和文章〈想念我的父親姚克：「坐忘齋」〉，無不流淌著深深的期待。每當新年來臨之際，她就會給故國的老友新知們發來賀年信。前兩年我還收到過，可是那時我正陷在不願與人聯繫的情緒中，辜負了她和她媽媽對我的一番友情。

寫姚克的原因之一是為了他的女兒，寫徐訏竟也是為了其女葛原。一個偶然的機遇，我認識了徐訏的第二任妻子葛福燦及其女兒。幾次接觸後，我明白這對母女屬於上海人中老實得有些矜持的那一種類型。因為一生被惡運籠罩，年老多病的母親早已成了驚弓之鳥，她唯一的希望是讓孤獨的女兒有一個安定的家。葛原本是一個多才多藝的女孩，我看過她拍的照片、繪畫、刺繡、毛織品乃至她寫的字和文章，都那麼清潤通脫，可是一談到捉弄她的命運，就雙眉緊鎖，心緒難解。父母不幸的解體竟使她不敢走入婚姻的殿堂，生活的重負已使她過早地失去了應有的活力。後來我也讀到過別人寫她異母兄長早年在臺灣的孤獨，及行走於香港和加拿大的異母妹妹活潑開朗的性格，他們都是很不錯的人，為什麼有著血緣關係的好人也會形同陌路呢？這促使我去解讀徐訏，解讀我青年時代就很喜歡的一位既浪漫又幽深的作家。〈都市漂泊文人徐訏〉寫的就是我自以為有所感悟的幾個方面。它和寫姚克的那篇，分別發表於北京人民文學出版社出版的《新文學史料》一九九三年第三期和二〇〇五年第一期。

發表於《新文學史料》二〇〇三年第一期的〈著名學者徐梵澄的心路歷程〉，是我寫的人物中最長的一篇，也是我讀書讀得最辛苦最快樂的產物。儘管我和梵澄先生結交，算來也有二十年了，可是我一直不敢去談論他的學問。因為他研究的精神哲學，不論是尼采、阿羅頻多、奧義書，還是我國的老子和陸王理學，以及那既大眾又深奧的佛教、瑜伽，似乎都遠離我的生活和思想，我壓根兒就不敢去觸摸。可是在持久的接觸中，我深深地為這位遠離祖國三十多年老人的道德學問所感動。在讀了他的《奧義書》譯本後，不由在一九八六寫下〈章太炎・魯迅・徐梵澄〉一文。但他對我這篇把他與前輩巨人比肩的文章並不在意，倒是同年有一次我去訪他，一見面他就高興地舉著手中煙斗說：「我看了你寫的朱希祖，好，好！沒想到你還記得他。」我當時聽得有點莫名其妙，因為那只是一篇四千字的〈朱希祖生平考略〉，以糾正《魯迅全集》注釋上的錯誤。直到最近看到梵澄先生與朱希祖之子朱偰先生等人在德國留學時的合影，又看到報章上刊載朱偰先生為保護南京古蹟作出的貢獻並付出了生命，才明白梵澄先生是有感於朱希祖、朱偰父子兩代學界泰斗保護文物之功績，竟長期被湮沒，甚至還被批鬥致死，痛惜之餘，才把我的小文提到不忘前賢的高度來加以贊許。而他自己則多次謝絕媒體對他的訪問和宣傳，唯求務實。一九九一年，我的同事陳漱渝君約我為臺灣現代佛教學會會訊《現代佛學》寫一篇簡介徐梵澄的文字。我寫了篇千字文，請老先生過目。他認真地一字一句修改，把一些略顯頌揚的字句都刪掉。後來有人問他，寫他的文章哪篇最好？他竟指名是我這篇中規中矩的辭典式小文。就在這次寫作中，我才得悉他一度結髮的游雲仙女士已成為寶島佛教界德高望重的曉雲法師。

梵澄先生畢生獨來獨往，不事張揚，所以他魂歸道山，也是悄悄地去。直到那時我才明白失去了一位無人可替代的師長。且不說他精深的學問和梵文水平，即以他在英、德、法、印度文乃至希臘文方面的造詣，在我國都是首屈一指的。記得我有一次拿著魯迅藏書中德文古典花體字版俄國安特萊夫小說去他家求教，他竟沉醉在鏗鏘優美的行文中，腦袋一轉三晃地朗讀起來，我不由樂在心中——原來讀中外古文讀到忘我時，形態、音調如此相似乃爾；從他聲色並茂的朗讀中，我似乎也體察到當年魯迅何以如此喜歡安特萊夫小說的原因。

常言說，失去後才更知可貴。梵澄先生的離世，鞭策我去讀他那些跟我們現在遣字造句不太相同的文字；靜心讀去，才體會到那些古樸簡約的文字，竟是那麼明朗、流暢，在充滿睿智的哲理中又有豐富的文學性。寫梵澄先生跟我寫紺弩先生的結果一樣，總會收到一些讀者的來信，表示對老人的崇敬和嚮往。不過兩方讀者的思路不太一樣，嚮往梵澄者關注的是對個體生命的體味，而紺弩這一方的讀者則更多對社會的思考。

我有時想想也好奇，本人生性見了長輩或學長們就訥訥於言，但在紺弩和梵澄這兩個怪老頭面前卻能暢所欲言。他們很少指點我的對錯，不過我卻從他們東拉西扯的三言二語笑談中時有頓悟。

綜觀本集中五位文人，從柔石生於一九〇二年始，至梵澄逝於二〇〇〇年，恰有百年時間。他們生於憂患，一生處於外禍內亂之中，歷盡坎坷漂泊之苦，是二十世紀百年歷史的親歷者。把他們集結在一起時，發現除了柔石不幸早早成了名副其實的鬼，其他四人之所以能在黑暗艱難的環境中生存下來，竟是因為他們身上共有的鬼氣。他們幾乎都被論者視為有鬼才的文人，雖未必能入正冊，卻因其善發人所不能發之幽思，而為人激賞。本集或因此而得一二共鳴者，不亦樂乎？

姚錫佩　二〇〇七年三月二十九日寫於北京

目錄

一代漂泊文人

第一章

慘遭戕殺的青年作家柔石

二十九年，在生命的長河中只是一瞬間。然而，現代文壇著名的「左聯」五烈士之一的柔石，卻以青春的熱血和創作的活力，在漫漫長夜中留下了難以消泯的光輝。

苦悶不安的「時代兒」

柔石本姓趙，名平福，後改名平復，又名少雄，筆名尚有金橋、劉志清、趙璜、方前等，一九〇二年九月二十八日生於浙江省寧海縣城關西門一個小商人家庭。他自幼勤奮好讀，一九一八年秋考入杭州浙江省立第一師範學校。次年應父母之命與寧海西鄉東溪人吳素瑛完婚；同時接受了「五四」新文化運動的洗禮。他酷愛文學藝術，喜治金石書畫，通音律，熱衷於詩歌創作。一九二一年和同學馮雪峰等共組「晨光文學社」。他在日記、書信中，在詩歌散文的創作中不時探討人生價值，細緻地記述所見所聞以及點

柔石（1902～1931）

寧海故居

寧海故居臥室兼書房

點滴滴的感受。在紛至沓來的新思潮前，他嚮往實行社會主義的俄國，以為「其目的皆在打破政府之萬惡，以謀世界之大國，改革平民之經濟，以求人道之實現，欲人人安樂，國國太平」。（一九二一年十一月二十日致兄趙平西）他認為中國之所以長期陷於軍閥混戰、惡吏奸紳的專權中，乃民智閉塞之故，於是寄希望於普及教育。然而，荊棘遍地的現實使他瞻顧未來，竟如「雲霧一般的迷朦」，無計主宰命運，因此時而沉浸在幻夢中，時而百無聊賴，時而奮力呼喊：「去，不能倦了。」他在一九二二年五月二十九日的日記中寫道：「哭，無論如何是沒效的。要模仿肩膀上荷著鋤望田中去的農民，或手裏執著錘看著鐵打下去的工匠才好。」現存他的最早散文〈不安〉，詩歌〈如是〉，留下了一個面臨畢業的孺子在走向社會前夕「精神界不安」的圖影。

他決計不走父母、妻子要他走的那條老祖宗們千年相陳的經商舊路，卻又未能如願考上東南大學。儘管「死神的

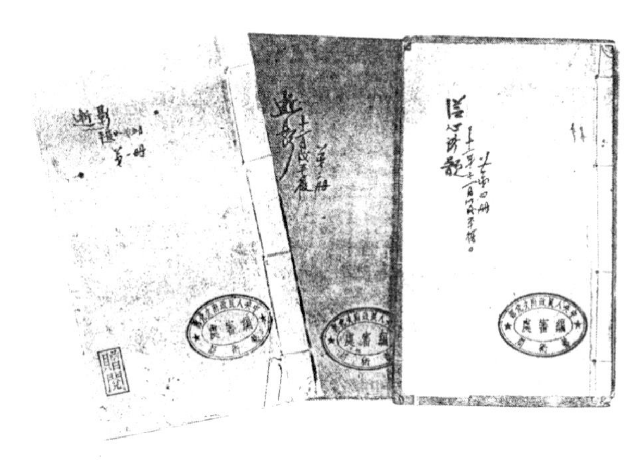

日記封面集影

翅膀好像在頭上拍著」，他依然渴望在太空中長歌歡舞。為了生活，他權且在杭州充當應家姐弟的家庭教師，同時堅持學習法文，並在審視個人愛情、婚姻的波折中開始創作短篇小說。

〈一個失敗的請求〉，寫他請求父母讓妻子去求學而未獲准的事。〈第一回的信〉，描述他收到妻子無味的短信時內心複雜的情感。他既可憐妻子無文化之苦，又恨封建的包辦婚姻使自己成了「精神囚犯」。〈無聊的談話〉則是記敘他和學生——應家姐弟的一段毫無結果的談話：他對前途的煩惱，孩子們豈能猜透；而女孩對愛情、婚姻的天真

畢業照（1923年）

原題「生命的一剎那」
與學生應家姐弟合影（1923年）

幻想，他也早已幻滅，自不能解答孩子心中的疑團。

辭別應家回鄉後作的小說〈課妻〉和〈愛的隔膜〉，都是寫他為了消弭夫妻間在文化和精神上的差距而做出的努力和苦惱。渴望從心所欲的愛和無法擺脫的命運的矛盾，是他最初習作的小說反覆吟詠的主題。

上述小說的後四篇原都寫在日記上，〈無聊的談話〉和〈課妻〉後經修改發表，但仍有明顯的實際生活記錄的

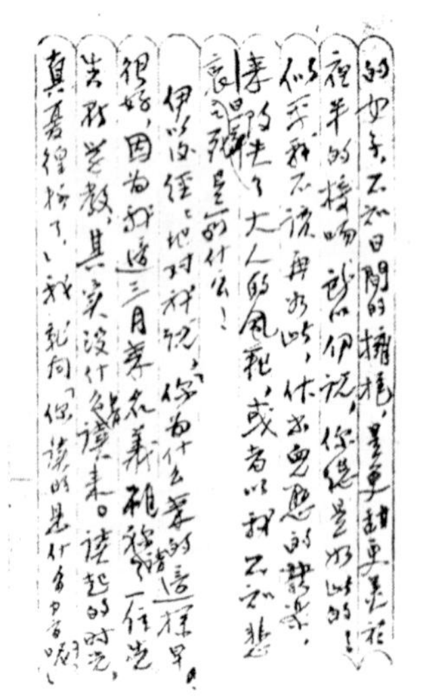

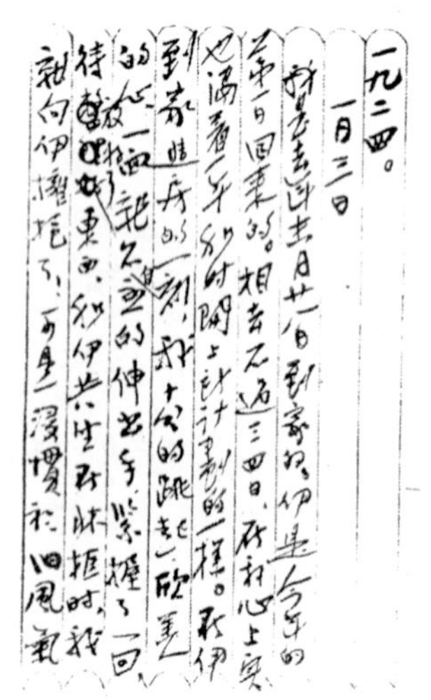

一九二四。
一月三日

小說〈課妻〉原型（1923 年 1 月 3 日日記首頁）

痕跡，雖富有生活情趣，人物語言率真，心緒直露，無雕琢之弊，唯結構粗糙、鬆散。

一九二四年三月他前往慈谿縣縣城（今寧波市慈城）普迪小學任教。他本有教育救國之志，現狀卻使他大失所望：紊亂的教育秩序，學店式的雇傭勞動，無聊的生活，使柔石的內心又一次失控。他徘徊於生死之間，不時在日記中嚴厲地批判那個空虛、無為、苦痛的自我，重新認識人生價值。這激烈的內心衝突，最後以「一片秋情中的幻想詩」的形式出現，題為〈他與髑髏〉。這首長達三百五十多句的長詩共分九段，以象徵的手法，跳躍的時空，在記敘和抒情的穿插中呈現一個失去愛人——理想——的青年內心的痛苦和深沉的思考：在人類萬物循環往復的興衰中，「什麼是永久和最高的幸福，什麼是不朽和最大的真理？」結論仍歸結為：唯有理想才能使生命飛揚。

經過數月意志和環境的較量，他又恢復了生命的活力。他與師生徜徉於山湖，會心於讀書。他為學生翻譯了格林童話十篇左右，又作兒童故事四篇，計有〈真兒有四樣了〉、〈許多野獸很淘氣〉、〈明兒尋母親〉、〈聰明的瞎子〉，同時連續寫出五篇小說：〈船中〉、〈瘋人〉、〈前途〉、〈一線的愛呀〉以及〈生日〉。這些短篇除〈生日〉一篇是抒寫他本人在慈谿普迪小學孔子聖誕日那天，獨自憤懣地度過自己生日的情景，其他諸篇不再拘泥於生活的再現，情節多為虛構，題材仍局限於愛情，或揭示封建意識下少男少女隱蔽的、畸形的愛（如〈船中〉、〈前途〉），或歌頌愛情賜於生命的力量（如〈一線的愛呀〉）；或控訴封建勢力對愛的摧殘（如〈瘋人〉）。他在作品中如「創造社」作家那樣地「表現自我」，沒遮攔地描寫肉感，不休

以《山海經》帝江形象創制的印章

小說集《瘋人》封面

地傾訴少年維特式的煩惱，無不反映了久經禁錮的「時代兒」精神上的苦悶和絕望，有較強的反封建意義，但有的篇章流於自然主義。〈瘋人〉一篇的思想受到魯迅的小說〈狂人日記〉的影響，控訴封建禮教殺人，但在內容上依然囿於「愛情就是生命」的主旨。在表現手法上頗為特別，以第三人稱的客觀記敘和描述貫穿全篇，其間又靈活地穿插著瘋人第一人稱的大段大段的獨白，以及與宣揚「一切皆空」的破衣朋友的清醒對話。強烈的控訴和執著的愛的追求，在熱烈瘋狂的抒情中獲得淋漓盡致的表現。

此時他的兒子誕生了，他即以《山海經》中六足四翼善歌舞的神帝江作為兒子的名字，並以此神形象創制印章，寄託著心中的希望。

一九二五年元旦，他自費出版了第一本短篇小說集，題為《瘋人》，選收〈瘋人〉、〈前途〉、〈無聊的談話〉、〈船中〉、〈愛的隔膜〉和〈一線的愛呀〉六篇，代表了他早期創作的成果。

蓄勢遠征的「實幹家」

在普迪小學，柔石因組織讀書會與校長發生衝突，期末被解聘。為了深造，一九二五年二月赴北京求學。京城雄偉的景物，開闊的文化思潮，激烈的政治鬥爭，使他的視野大大拓寬，思想和意志也受到了進一步的磨練。

與學友陳昌標合影

他到北京大學旁聽生物學、英文、世界語、哲學等課程，也因此有機會聽到了魯迅開講的「中國小說史」、「文藝理論」。課餘，他繼續寫作，原打算依靠出售小說集《瘋人》及其它作品來維持生計，不料未能如願。幻想又一次破滅的他，憤歎：「踏遍中國，恐無吾們之樂土矣！」唯視讀書為樂事，且「醉心於俄羅斯、德意志」，崇拜托爾斯泰、尼采，更認為「二邦之精神，尤足奮起吾們之進取。」（一九二五年八月一日致陳昌標）

人道主義和個人主義形成了柔石早期思想構架的主體。他面對貧困、不平、黑暗的社會，雖嚮住俄國社會主義革命，讚頌群眾鬥爭，但內心仍不斷幻想個人的努力能改善生活條件，不負雙親的期望。因此，他很少過問政治。在轟轟烈烈的「五卅」愛國運動中，他依然獨善其身。然而，國民的責任心使他自慚自責。他一方面對自身更加絕望，一方面又因更多地看到底層人民的痛苦以及他們堅韌不拔的生活勇氣，強烈地感染到群眾鬥爭的力量，不斷激起奮戰的欲望。

煩悶和進取，使他心靈的天平總處在左右動盪的傾斜中，由此產生不少抒情短詩，有撫琴訴說內心悲愴的〈無弦的琵琶〉，有把酒舞劍以排解憂愁的〈解脫〉，也有為了錦繡河山、未來子孫，誓與高冠大面的強暴者決一死戰，不惜焚化肉身的〈戰〉、〈夢〉、〈願〉。在一些短詩中，他一邊描繪濃重的黑暗，一邊預示著「生命之夢正轉著，過了森林，就是鄉村了」（〈贈藝術家P君〉），「明月到中天，群星自然會消失」（〈息燈後，兀立在窗前〉）。

抒情詩中短促、急迫的心聲，更強烈地出現在長達千餘句的四幕詩劇中。全劇塑造了五種不同類型的形象，以探討真善美的生命與權力王國作長期鬥爭的力量之源泉。主人公「病者」因周圍的哀鳴和吼叫失去了生活的信心。心愛的小姑娘喚醒「病者」對自身力量的認識，「難於認識的己身是最悲哀的己身」這一哲理，激起了「病者」與魔王奮戰的正氣。儘管在群魔的妖法下，「病者」逝去了，仍有孟、仲、季三青年作為「病者」生命的延續，正邪、善惡的鬥爭永遠辯證地發展著。劇中還出現了兩個鬢鬚斑白的樵夫，他們形似人間的過客，練達世故，視生死為常事，以有理想的青年為瘋子，他們確認的人生真諦是：永遠有「不可不走的前路」。詩劇肯定了人的價值，青年志士相互支持的友情，以及蘊藏在勞動人民意念深處的生活信念。據魯迅後來在〈柔石小傳〉中介紹說，詩劇的題名為《人間的喜劇》。儘管全劇籠罩著悲沉的氣氛，喜劇因素卻在劇中人深沉的思索中潛流著。是年冬，柔石又作長詩〈深夜的悲哀〉，在哀愁中總結自我：他憎恨那顛倒的人生，哀歎青春的消逝，否定懦夫的墮落，正視嚴肅的大地，警告自己，「莫再徘徊了／咽下你自己的歎息。」

總觀北京時期柔石的詩歌，減少了早期飄渺的幻想，增多了戰鬥前的沉思，語言更為含蓄凝練。如寫於北京白塔上的〈秋風從西方來了〉一首，富於韻律的節奏，回蕩著無限的意蘊。

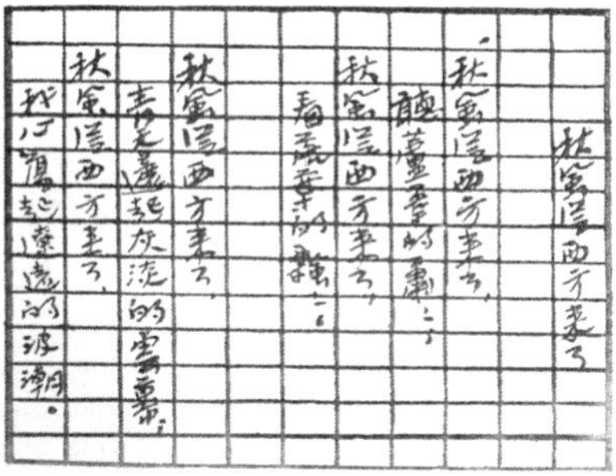

在北京，柔石創作的短篇小說不多，但題材較前大大開拓了。現存的手稿有兩篇：〈C君的死〉和〈劊子手的故事〉。前者寫一個北京的窮學生，貧病交迫，無以為生，他憎恨黑暗社會卻無力反抗，最後在憤懣中神經錯亂，憂憤而死。後者刻畫了一個視殺人為遊戲

詩稿（1925年秋北京）

的麻木的靈魂，揭示這種醜惡靈魂的製造者正是那喪失真、善、美的社會。小說中那個揚揚自得介紹殺人經驗的劊子手，簡直是魯迅小說〈藥〉中人物康大叔的再現。無論在形象描寫和個性化的語言方面，都顯示出柔石小說創作的潛力，在風格上和他過去和以後的作品都有較大的區別。

一九二六年春，貧病交困的柔石只得離京南返。但他不願回家，住在上海朋友家裏，「一邊讀書，一邊作文」。不久，北京軍閥屠殺青年學生的「三・一八慘案」消息傳來，他懷著一腔憤懣，「收拾青年們失落著的生命的遺恨」，創作長篇小說《舊時代之死》。全書分上下兩部，上部題為〈未成功的破壞〉，主人公朱勝瑀是一個患「時代病」的社會青年，他不滿社會，憤世嫉俗乃至變態、墮落。下部題為〈冰冷冷的接吻〉，寫主人公在貧病中回到家鄉，在佛家修性中剛獲得暫時的寧靜，又因反對包辦婚姻，致使未婚妻自殺；他的反封建，不僅未動搖那個殺人的制度，倒使自己也做了殺人的兇手，於是大受刺激，在臨死前大聲呼喊：「是社會全部混亂了，單靠一個人的力量是不夠的，要團結你們的血，要聯合你們的火，整個地去進攻。」他的友人清和偉也由此獲得醒悟，偉相信：「我國不久總要開展新的嚴重的局面，我們青年個個應當磨煉著，積蓄著，研究著，等待著。」他決心去家鄉辦小學，「同時，我想和鄉村的農民攜手，做點鄉村的理想的工作。」

偉所設想的正是柔石當時的計畫。他在完成《舊時代之死》初稿後，即前往浙江省鎮海，任教於鎮海中學，後擔任該校教務主任。

一九二七年二月北伐軍光復了浙江全省。夏天，柔石回到故鄉寧海，決心「開展寧地之文化」。他積極支援幾個青年籌辦寧海中學，自己允任國文教員，兼教正學小學英語等課程。繁忙的教務，使他無暇創作。這一時期僅存三首詩〈夜色〉、〈秋夜〉和〈晨光〉，都是觸景生情之作。他那多愁善感的情思依然飄忽不定，這顯然和當時忽明忽暗的社會生活有關。在生活中，他如一位遠征待發的壯士，努力吸收中外古今哲學、政治、文學藝術乃至自然科學方面的養料，編就《中國文學史略》。對中外社會史文化史的深沉考察，為他後來的創作奠定了堅實的基礎。

一九二八年初，柔石在寧海中學中共地下黨組織和同伴們的支持和推舉下，出任寧海教育局長。他為了集資改善校舍，爭取學校改為公立，忘我地到處奔波。五月，寧海亭旁一帶農民反對國民黨政權的

寧海縣立中學全體教職員合影（1927年）

暴動失敗，涉及寧海中學少數參與鬥爭的師生，學校被迫停課。柔石因此處境危險，他的計畫又成泡影，只得再次離鄉到上海去，企求努力讀書作文，「並望一有機會，即赴海外讀書。」

馳騁文壇的「小說家」

在上海法租界的一處小小亭子間裏，柔石埋頭修改《舊時代之死》，一九二八年九月將這部二十萬字的小說交魯迅先生批閱，魯迅讚之為「優秀之作」，即推薦給北新書局出版。同月，柔石遷往閘北景雲里二十三號，與王方仁等友人同住。此為魯迅原住處，時魯迅已遷至同里十八號。自此與魯迅過從日密，在寫作上經常得到魯迅的指點。十月，魯迅主編的《奔流》第一卷第五、六期發表了他的短篇小說〈人鬼和他底妻的故事〉，始以筆名柔石傳世。

中短篇小說封面（《希望》、《舊時代之死》、《三姐妹》、《二月》等）

他為此後做人定下了兩句話：「一、努力、刻苦、忠心於文藝。

二、如有金錢餘裕時，補助於諸友。」

（一九二八年十月二十五日致兄趙平西）

這種「台州式」的硬氣，近似「迂」的忠厚、樸實的利他精神，魯迅頗引以為同調。在魯迅的推薦指導下，他殫精竭慮地編輯了深有影響的進步刊物《語絲》，又和魯迅等同組「朝花社」，編輯、出版了旨在介紹東、北歐文學，輸入外國版畫，扶植剛健質樸文藝的《朝花》週刊、旬刊及五本美術叢書《藝苑朝華》。同時，他馳騁於詩歌、散文、小說、劇本等文學領域中，尤其在中短篇小說的創作、翻譯上的成績，令人矚目。自一九二八年六月到一九三〇年一月這一年半時間裏，他除了修改出版長篇小說《舊時代之死》外，又連續出版了兩本中篇小說《三姊妹》和《二月》，以及十四篇短篇小說，七篇雜記隨筆，兩個劇本，五首詩，以及十六篇譯作，並與魯迅、梅川等合作出版了《近代世界短篇小說集》二冊：《奇劍及其他》和《在沙漠上》。他獨力翻譯出版的則有《浮士德與城》與《戈理基

編輯的部分書刊
（《朝花旬刊》《藝苑朝華》等）

部分翻譯著作
（《浮士德與城》《戈理基文錄》）

文錄》等。這累累碩果，是柔石心血的結晶，在文學創作道路上，他以驚人的毅力和執著的追求，逐漸形成了自己獨特的藝術風格。

《三姊妹》，是柔石出版的第一部中篇小說，小說力圖揭示小資產階級知識份子墮落的過程和原因，但情節安排過於巧合，表現手段貧乏。

奠定柔石在中國現代文壇上地位的力作，是同年出版的另一部中篇小說《二月》，魯迅閱後為之寫〈小引〉，稱讚他以「工妙的技術」，刻畫了「近代青年中的這樣一種典型，周遭的人物，也都生動。」小說透過浙東一個小小的世外桃源般的芙蓉鎮的日常生活，描寫了大革命時期幾種不同類型的男女知識青年以及他們所處的社會環境。主人公蕭澗秋是一個頗想有所作為卻又徘徊不前的青年形象，蘊含著作者在大革命失敗後對自身和同一類型青年的思想和生活道路的反思。

《二月》是柔石的思想和創作成熟的標誌。他不再像以往有的作品那樣停留在本人生活的複製上，或以誇張的虛構圖解人物，抒發某種思緒，而是有機地揉合了多年的生活體驗和寫作素材。如本人早年西湖邊的彷徨，愛子危亡時的憂慮和痛苦，異性大膽追求時情愫的衝動，一一化在頗具匠心的構思中，呈現出富有時代色彩的社會環境和各色人物的心態——陶慕侃的妥協中庸洋溢著珍惜人才、兄妹之愛的情感，方謀的陰險窺探掩蓋於高談主義中，錢正興的傳統家勢蒙上了一層對資本和愛情的追求。即使是作者所心愛的男女主人公的心態，也在生活的扭曲中不完美：蕭澗秋因矜持而失去了進取，陶嵐因窒息而追求狂放，文嫂因流言而自絕生命。這些虛虛實實的新舊心態的交融和碰撞，匯聚成二十世紀二十年代末芙蓉鎮上空乍暖還寒的早春氣候。

《二月》仍保持了柔石那纏綿抒情的創作特色，但肉慾的大膽剖露已被心靈的深層交流所代替，表現手段十分豐富：涓涓細流的情節因動人的插敘而平生波瀾；西村的灰暗色彩不協調地映襯著小鎮的桃色景象；兩條平行的線索時分時合，人物的心態因此更加逶迤多姿，陶嵐恣意開放的任性自白，蕭澗秋自我壓抑的惆悵彈唱，無不形成一股股甜美酸苦的心泉，沁人肺腑。

在春的氣息和寒的流動中描述曲折的情節和鮮明的個性，使《二月》贏得了深久的藝術生命力。新中國成立後，它被改編為戲曲、電影等多種文藝形式，深受人們的歡迎。小說已被譯成英、德、法、印地、泰等文字、廣為流傳、成為具有世界影響的中國小說之一。

思想、藝術上的成就也清楚地反映在他的短篇小說創作上。

如果說一九二八年八月開手創作

據小說《二月》改編的電影《早春二月》（孫道臨和謝芳分別飾演男女主角）

的短篇〈一個春天的午後〉、〈別〉、〈V之環行〉等篇，仍有「自我表現」的影子，但其思想內容已擺脫愛情至上的陳調，在〈別〉中還刻意表現一個青年毅然遠離老母愛妻去為社會工作的獻身精神。除此之外，作者的筆觸已自覺地伸向社會底層，探究中國社會的病症，其中尤以描寫他所熟悉的勞動婦女的痛苦最為突出。〈人鬼和他底妻的故事〉寫冷酷的社會把一個安於殯葬工作的男人壓迫成惡鬼一般，而人鬼又把他的變態行為全部發洩在他的妻子身上，導致妻子自殺身亡。諸如此類揭示最底層勞動婦女的非人生活和心靈創傷的作品，還有〈遺囑〉、〈摧殘〉、〈怪母親〉等。柔石最後發表的一篇小說〈為奴隸的母親〉，是這方面最優秀的代表作。

斯諾譯《為奴隸的母親》（漢英對照）

〈為奴隸的母親〉以深沉的筆墨敘述一個被當作生育工具的奴隸的痛苦──她有著強烈的母愛，卻被人為地剝奪了親子之愛，無聲地忍受著一切虐待。作品樸實無華，幾近於白描的手法勾勒出一幅舊社會摧殘人性的圖景，控訴了當時在浙江存在的「典妻」制度。小說發表後，即作為中國的「農村社會研究資料」，受到國內外的重視。不久，被收入蔣光慈編的《現代中國作家選集》。一九三四年英國倫敦的馬丁・勞倫斯書店出版的《中國短篇小說》和一九三六年美國愛德格・斯諾編輯的《活的中國》也分別收入此篇。當法國著名作家羅曼・羅蘭在《國際文學》法文版讀到小說譯文後，即寫信告編輯部：「這篇故事使我深深地感動」。〈為奴隸的母親〉充分顯示了柔石那淳樸、深厚的創作風格。

柔石這一時期的散文創作也擺脫了早期低沉的哀怨。他以《人間雜記》為題創作的十四篇隨筆，用漫畫筆法描述了耳聞目睹的老中國人的生態和病情，尤可見作者對蒙受摧殘的窮苦兒童的悲慘命運的關切和憂慮。

這些短篇小說和散文後來以《希望》為題結集出版，因其對社會黑暗的深刻揭露和強大的影響，竟遭到國民黨政府的禁止乃至焚毀。

柔石在文學創作上取得的巨大成績，是他夜以繼日不懈努力的結果，也是他在這新舊交替的動盪時代中冷靜觀察人生，正確認識文學功能的結果。在一九二八年十二月二十三日日記中他談到周圍的朋友「並不怎樣深信新時代，不過因新時代終究要到的」，所以去拚命追求，「於文學，只說賣錢。一邊他們信他們自己是天才，一邊又不肯堅毅地做」，只是在作品中熱衷於空喊革命口號，增加所謂的「現代味」。柔石對此很不以為然，他情願花費精力去創造，所以在他的作品中無當時一般左翼文學所常見的公式化、概念化傾向。

「為了救人，為了社會的光明，為了大多數的幸福，應當，

日記（1929年12月22日）

在龍華娘娘宮前（1929年上海）

應當，我應當這樣做！吃苦！」（一九二九年一月二十二日日記）這幾乎成了他工作的座右銘。較為安定的創作生活和堅毅刻苦的工作，使他逐漸克服了以往那種多感，煩惱，處處發現情愫的衝動。不過，外表恬淡靜默的他，內心依然是火焚似的，孤獨感仍不時襲來。幸而有魯迅一家體貼的關照、魯迅及其弟周建人通達的談天説地，潛移默化地愉悦了他的精神，開闊了思路（見一九二九年十二月二十二日日記）。他時常以魯迅的教誨來自省自勉。一九二九年十月十四日日記寫道：「魯迅先生説，人應該學一隻象。第一，皮要厚，流點血，刺激一下了，也不要緊。第二，我們要強韌地慢慢地走去。我很感謝他底話，因為我底神經末梢是太靈動得像一條金魚了。」

誠然，他那「過敏的神經」常使他處於窘迫和苦惱中，但他自覺地詛咒它死亡。於是，放眼觀望時代風雲，不再只是濃濃的黑煙，從中見到了火焰的跳躍。詩歌〈午後的歌聲〉、〈遼遠的心〉、〈夜半的孤零的心〉、〈人間〉、〈遐思〉和〈晚歌〉，便是他在一九二八、一九二九這兩年中心緒流動的寫照。詩中依然充滿浪漫氣息，但已不是自怨自艾的呻吟和天馬行空的幻想。他從天河的光輝中看到大地綿延的前途，深信自己那強壯而又柔和的胸懷能醫治祖國病弱的創傷。

中國左翼作家聯盟成立大會地點
（原中華藝術大學舊址）

黑暗政治的「犧牲者」

一九三〇年初，他和魯迅、馮雪峰一起參加了中國自由運動大同盟和中國左翼作家聯盟的籌建工作。這兩個同盟在二、三月相繼成立。柔石以他的務實精神和創作實績，被選為「左聯」執行委員，後又任常務委員、編輯部主任。他除了將原有的左翼作家主編的刊物《萌芽》、《大眾文藝》、《拓荒者》等轉為「左聯」機關刊物外，又積極籌備出版了新的「左聯」機關刊物《世界文化》，加強馬克思主義文藝理論和無產階級文藝的傳播。同時打算編印一些為大眾著想的通俗的文藝讀物。

這一年五月，經馮雪峰介紹，柔石參加了中國共產黨，自此，他以更大的熱誠投身於革命的實際工作中去。就在這紅五月裏，他和胡也頻、馮鏗代表「左聯」出席了秘密召開的全國蘇維埃代表大會，第一次親身接觸並感受到無產階級革命戰士的革命樂觀主義精神和革命英雄主義氣概。這種影響深刻地反映在他寫的報告文學〈一個偉大的印象〉中。他熱情地記錄了親密如大家庭的會議生活，記錄了革命同志如饑似渴學習文化的要求，記錄了來自不同階層的革命者在征途中經歷的思想變化和內心衝突，還記錄了蘇維埃區域解放了的婦女在婚姻問題上的覺醒以及殘留的舊意識。報告著重描述了一個少年先鋒隊隊長簡樸、銳利、堅定的發言，天真、誠摯、豐富的感情。這篇描述無產階級革命鬥爭和英雄人物思想境界的文字，在中國報告文學的發軔時期，具有一定的文獻價值。當年九月《世界文化》創刊號刊出後，次年即被譯成日文，收入尾崎秀實、山上正義（林守仁）編輯的《中國小説集・阿Q正傳》一書中。

當時，李立三的「左」傾路線正統治著中國共產黨，儘管柔石在「左聯」和黨內的會議上也曾抵制某些「左」的決議，如反對「左翼文化總同盟」開除郁達夫等等，但他的思想行動和創作仍不可避免地受到「左」傾路線的影響。在〈一個偉大的印象〉中，就反映了那種期待通過暴動，促使革命迅速成功的盲目樂觀情緒。他的雜文〈豐子愷君底飄然態度〉也存在著對中產階級作家的自由主義思想批判過重等問題。

在革命工作中，共同的事業和理想促使他和左翼女作家馮鏗產生了愛情，但是他們都必須面對過去的愛情和婚姻。柔石能坦蕩地給馮鏗原先的愛人——同為革命者的許峨寫信，希望以革命事業為重，以理性的真正的愛情觀，圓滿地解決他們三人間「愛」的糾葛；但他無法面對自己那位唯恐失去丈夫的妻子，內心充滿了苦悶。

不過，此時他和馮鏗互相激勵，革命情緒高漲，甚至表現在創作上。柔石明白地告訴魯迅，他決心轉變作品內容和形式。對此，魯迅頗懷疑，說：「這怕難罷，譬如使慣了刀的，這回要他耍棍，怎麼能行呢？」然而柔石簡潔地回答：「只要學起來。」他真的開始構思長篇小說〈長工阿和〉以及短篇〈一個革命者的結局〉等等。這種轉變已可見於他在十月二十三日寫的悲壯悼詩〈血在沸〉中， 其內容是「紀念一個在南京被殺的湖南小同志底死」，其風格與以往的作品迥異。詩中沒有纏綿的哀鳴，只有急速噴射的控訴，嚴正的揭露，莊嚴的宣告，反覆鳴奏「血在沸／心在燒」，構成了全詩高昂、堅定的

馮鏗

一月前，馮君給我一封信，我當時很躊躇了一下，終之，因我們互相多了見面的機會的關係，便互相愛上了。在我，似乎事業有影響，但同時卻不見有什麼；這是事實告訴你我，使我離職而且煩惱的。

你和馮君有數年的歷史，我極忠心地希望人類的愛人，有永久維持著的幸福。這或許馮君有所改變，但你太不用責問，我知道你愛馮君很深，你亦當願馮君有幸福甚大；在我，我誓此時，如馮君與你仍能結合，仍有幸福，我決不再見馮君。我是相信理性主義的，我坦白地向兄這樣說。兄當然不會強迫一個失了愛的愛人，一生跟在身邊；

柔石致許峨信

《前哨》紀念戰死者專號

五烈士像和魯迅詩（自上而下：馮鏗、李偉森、柔石、殷夫、胡也頻）

主旋律。這是柔石生前最後完成的一首詩，「要為死者復仇／要為生者爭得迅速的勝利」，成為他的生活信念。他奮勇地鬥爭著……

一九三一年一月十七日，柔石和「左聯」其他四位作家——馮鏗、胡也頻、殷夫、李偉森應邀去上海東方飯店參加一個黨內秘密會議，反對王明在黨的六屆四中全會上貫徹的比李立三更加「左」傾的機會主義路線。不料被黨內對立派告密，與會者全部被捕。事後黨組織和魯迅等友人多方設法營救，國民黨政府竟在二月七日下半夜槍殺了二十四位年青的革命者，柔石頭部和胸部連中十彈。

魯迅聞此噩耗，沉重地感到自己「失掉了很好的朋友，中國失掉了很好的青年」，在悲憤中寫下「忍看朋輩成新鬼，怒向刀叢覓小詩」這樣的警世名句。他又和馮雪峰一起把原由柔石籌畫出版的「左聯」機關刊物《前哨》創刊號，以「紀念戰死者專號」的形式出版。魯迅親撰〈柔石小傳〉，並作〈中國無產階級革命文學和前驅的血〉，同時發表〈中國左翼作家聯盟為國民黨屠殺大批革命作家宣言〉、〈為國民黨屠殺同志致各國革命文學和文化團體及一切為人類進步而工作的著作家思想家書〉。這些檔案通過美國進步記者史沫特萊譯成英、日、俄等語言，在國外廣為印發，引起了世界各國進步輿論的積極支持。但是，在當時「禁錮得比罐頭還嚴密」的中國，魯迅仍難以發表個人紀念柔石的文字，只能以德國女版畫家凱綏· 珂勒惠支的作品《犧牲》——畫一個母親悲哀地獻出她的兒子——作為當年九月《北斗》創刊號的插圖，「算是只有我一個人心裏知道的柔石的紀念。」（見《為了忘卻的紀念》）

凱綏· 珂勒惠支木刻《犧牲》

中華人民共和國成立後的第二年，在龍華原國民黨警備司令部附近的荒場下找到了二十四位烈士的遺骸，合葬於上海大場革命公墓，後又遷墓於龍華烈士陵園。在柔石的家鄉，開闢了柔石故居，以紀念一個年青生命頑強的創造力。

回顧柔石自一九二三年開始文學創作以來留下的全部文字，人們驚異地發現在這動盪、不安的短短八年中，他發表的文學作品就達五十五萬字，譯作約六十三萬字，未發表的手稿尚有二十二萬字，記錄了一個青年作家對生活、愛情、文學藝術、革命事業的熱切而又真摯的追求，以及他對中國現代文學作出的獨特貢獻。他的慘死，也引發了人們對那專制、黑暗的黨政體制久長的思索。

一九八八年三月

第二章

雜文大家聶紺弩的坎坷路

一九七六年九月，在文化大革命中被判無期徒刑的共產黨員、現代著名作家聶紺弩，以國民黨縣團級以上人員的身分和一些戰犯同時被特赦，真是「初聞喜訊喜還驚」，令人哭笑不得！一九七九年徹底平反後，聶紺弩被選為全國政協委員。年老病弱的紺弩穿著發給戰犯的那套簇新的藍帽藍衣藍褲，參加第五屆全國政協會議和第四次全國文代會。在會議期間，他經常躺在招待所的床上，重晤天南地北劫後重生的故舊知己。此後便一直卜居京郊勁松，或病臥醫院。一九八六年三月二十六日，在他年滿八十三歲高齡時，悄然離開了這個世界，終結了他坎坷的一生。

熟悉他昔日瀟灑模樣的老朋友，說他出獄後的十年形似一段「呆木頭」。有人則尊稱他為「臥佛」。廣大讀者卻像發現出土文物那樣，拍案激賞一九八一年香港付印的聶紺弩舊體詩集《三草》，集中有詠寫他五十

聶紺弩（1903～1986）

與夫人周穎在五屆全國政協會議休息廳

呆木頭像

年代流放北大荒的《北荒草》，六十年代蟄居生活的《南山草》，以及抒發友情的《贈答草》，這些本為自遣的小詩，已被人評為中國詩史上獨一無二的奇葩。人民文學出版社後以《散宜生詩》為書名再三增補注釋出版。同時，幾家出版社重印了他的舊作，如《紺弩小說集》、《聶紺弩雜文集》、《紺弩散文》、《中國古典小說論集》等等，還有一本已經介紹尚未出版的語言文字論集。年輕的讀者方知這位在文壇上沉默了三十多年的聶紺弩，早在三四十年代便是一位才華橫溢的多產作家。不少行家高度評價他的創作，如夏衍在最近出版的《聶紺弩還活著》的〈代序〉中稱：「魯迅以後雜文寫得最好的，當推紺弩為第一人。」

紺弩晚年推出的新作，更富有哲理，人稱他為哲人，他卻自稱為「散人」、「庸人」。馬克思主義的文藝評論家讚美他對「生活始終保有樂趣甚至詼諧感，對革命前途始終抱有信心」；老友們懷念他是一位「獨立特行」的

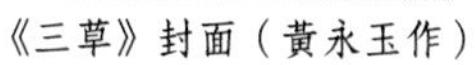
《三草》封面（黃永玉作）

部分著作

「狂狷之士」；一位久居美國的中國學者，則對他在北大荒時逆來順受的言行大為不解，問道：「這也算是革命者？」

此所謂仁者見仁，智者見智，恰如紺弩自言：「語澀心艱辨者稀」。他給世人留下了眾多的沉思，透過他那傷痕累累的身心和熱烈而冷雋的文字，灼然可見一個令人顫慄的中華民族的精魂。

臥佛像

天下無道則庶人不議

紺弩曾自詠：「緣何除夕作生日，定為迎春來世間。」九十年前的除夕日（一九〇三年一月二十八日），他在除舊佈新的陣陣爆竹聲中，哭喊著降臨湖北省京山縣。生母因產後出血，病臥兩年去世；生父也在一九一四年因肺病離開人間，紺弩即由其叔父母撫養。

京山是鄂中的僻山小縣，卻也崇奉讀書科舉的仕途。縣內古蹟文筆峰，即紺弩的曾外祖父曾憲德倡建。他在同治二年出任臺灣、福建沿海地區的道台，政績顯著，被授予三品按察使，賞戴花翎，塔門上的「青雲直上」四字由他的二兒子題寫。然而，飽讀經書的紺弩祖父，只在咸豐年間補了恩貢，一直未能進入仕途；分家之後又不善理財，家境便一落千丈。生養紺弩的故園，本是浪漫主義楚文化的發祥之地，又是滋生清靜無為，恣睢逍遙老莊哲學的山野之鄉，以道家思想成分和楚文化圈中的神話傳說構築的中國大眾宗教——道教，

京山文筆峰塔

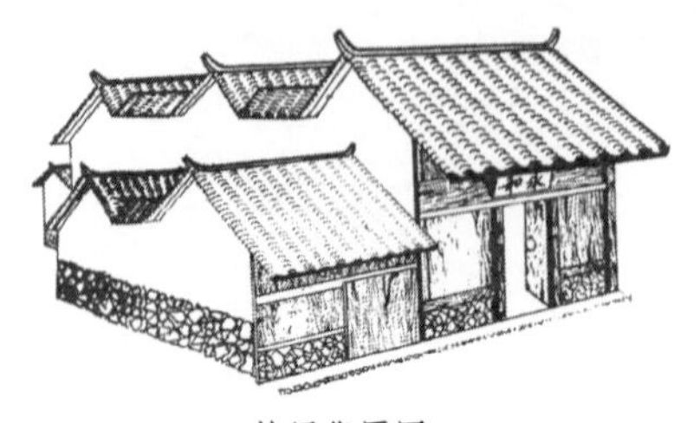
故居復原圖

更有神仙方術教人度世求生。潦倒的紺弩生父聶平周就曾常年浪跡江湖，後因販賣布匹、煙土失利，便在家中開一小煙館，借阿芙蓉養生，在吞雲吐霧中縱欲。他畫得一手丹青，更有一副好嗓子，常和志同道合者組成業餘唱戲班子，在茶館裏自彈自唱，逢年過節、婚喪喜慶之日，為鄉鄰助興。紺弩也常常隨行，唱本中的故事成了他最早得到的歷史文化知識。

楚地又多革命志士，養父聶行周追求的是「以天下為己任」的儒家之道。辛亥革命時，他參加同盟會，從事革命宣傳工作，幾乎遭到殺害。後任雲夢縣法院書記，因吸大煙而被撤職，只得靠世襲的「跑稅契團」（代衙門收稅）維持生活，四十來歲便老廢在家。

紺弩初進小學讀書，便顯露特有的悟性。那時大小班學生同室學習，老師給大班講課時，他也愛聽，因此讀《三字經》時，就能解釋《論語》中「學而」的意思，還學會了平仄對仗。不久，老師便讓他和大班學生一起開筆作文，出了兩道題，一是〈子產不毀鄉校〉，二是〈天下有道庶人不議〉，任作其一。紺弩聽畢老師的解題和作文法後，竟提出要把兩道題合為一題寫，還說有一想法，即「天下有道則庶人議，天下無道則庶人不議。」老師聽了暗自吃驚：這個黃毛小兒怎會說出自己心中之隱，還解得如此奧妙，不由當眾表揚。於是，小紺弩得了個「聶賢人」的雅號。其實，這些道理原出自老師之口，老師在講《論語》時，不是也說過孔子云；「道不同，不相為謀」，「道不行，乘桴浮於海」。而諸如此類的話，父輩們在茶館裏、煙榻旁大發牢騷時，說得更加明白、尖刻。儒家的入仕之道和道家的無為之道，幾乎同時灌入紺弩的頭腦中，儘管他一生幾乎都在行「庶人之議」，但到晚年憶起兒時不知深淺的看法，似乎更有了體悟。

紺弩在縣高級小學畢業後，欲去武漢上中學，不料，為他籌錢的養父也患結核病去世。失學的紺弩只得借閱外祖父申子輿家的藏書自學，除經、史、子、集外，還有各種野史筆記、小說，如百看不厭的聊齋、三國、水滸、西遊、封神、紅樓，以及《笑林廣記》等等，最愛讀的是《莊子》和各種高人隱士獨立特行的傳記。他幾乎天天關在房裏、躺在床上看書，由此造就了他廣博精深的舊學根柢和博聞強記的本領。但也養成了他散漫的習性，以至後來他在〈壁畫〉一文中驚怵地回顧道：「如果我在家裏不出來，不知會變成個什麼樣子」，不是像祖父、父親一樣的鴉片煙鬼，就是受到退隱的老莊哲學影響而無所事事。他創作的著名小說〈天壤〉，就是寫少年同學中志向最大的王龍在環境的窒息下萎落的故事。

十七歲，是一個充滿幻想的年齡，紺弩和兩個同學合謀遠走他鄉，卻失敗了，還被迫娶了他不愛的姑娘。出路，在何方？春天，又在何時？

虛無和民主，專政和法制

幫助紺弩走出閉塞之鄉的是他的小學啟蒙老師孫鐵人。這位自辛亥革命以來一直追隨孫中山的前輩，當時在上海任國民黨黨務部副部長。他偶然在漢口的《大漢報》上讀到紺弩的詩作，便覺得這個聰穎的學生需開拓視野，長養志氣，就寫信邀請紺弩和另外兩個本邑弟子到上海。

飛出牢籠的紺弩經孫先生介紹參加了國民黨，又被推薦到泉州國民黨東路討賊軍前敵指揮部湖北同鄉何成濬手下當錄事。在這革命的大時代裏，他開始懂得了不少新名詞、新概念，也知道了胡適之等人提倡的文學革命。但吸引他的是一本《無政府主義討論集》，尤其崇拜劉師復，這位通古明今的學者，把西方的無政府主義思想，解釋得十分投合熟讀《莊子》的紺弩的口味，支配著這個剛剛擺脱家庭封建羈絆的年輕人，竟有十年之久。虛無和懷疑，使他看到自己所在的這支革命隊伍本身，就有著濃厚的封建舊習氣。他對中國革命的前途產生了懷疑，決定離開軍隊。

遠在南洋的國民黨人飽慧僧受孫鐵人之託，邀請紺弩前往馬來西亞吉隆坡華僑辦的運懷義學教書。不久，在緬甸主編《覺民日報》的同鄉、共產黨人董鋤平需要紺弩去做他的助手。當紺弩抵達仰光時，英國政府卻發出了限期驅逐董鋤平、飽慧僧出境的命令。「小學畢業生」 紺弩面臨獨力承擔一日四刊的編輯工作。董鋤平在離境前教會了他設計版面、編排欄目，並留下一堆書籍讓他學習，其中多為西方自然科學、哲學，尤其是有關社會主義思想的譯著。董鋤平告訴他，從這些啟蒙著作中可以認識到中國社會主義、共產主義思想的由來，還特別要他精讀陳獨秀主編的《新青年》合訂本，學習它的編輯思想，瞭解中國最新的思想動態。

《覺民日報》開創了紺弩的編輯生涯，也促使他去認識傳入中國的形形色色的世界思潮，認真思考中國現實中的諸種問題，並運用手中的剪刀和筆，介紹、闡述乃至議論。

當時他看《新青年》，受震動最大的是四川反孔非儒鬥士吳虞

（又陵）寫的〈吃人與禮教〉，其中評魯迅的〈狂人日記〉說：「我覺得他這日記，把吃人的內容和仁義道德的表面看得清清楚楚了。那些戴著禮教的假面具吃人的滑頭伎倆，都被他把黑幕揭破了……」吳虞把魯迅對半封建社會的「仁義道德」高度概括為「吃人」一詞，更加透徹地亮在讀者的面前，直截了當地批判禮教吃人。紺弩因此愛看《吳虞文錄》，儘管吳虞是抬出老莊諸子和李卓吾來打「孔家店」，無新鮮的思想信仰，卻因貼近本國實際，把紺弩過去讀孔孟之書時結下的疑團一一解開。所以他一直把吳虞看作是打「孔家店」的最勇敢、最透徹、最確切、最淵博的老英雄。

因吳虞的推薦，紺弩又重讀魯迅以現代手法創作的第一篇白話小說〈狂人日記〉，方醒悟其中深刻的涵義和強大的戰鬥力量，由此愛上魯迅的作品，注意搜求。不過，他年輕時讀魯迅的小說，總有點不滿足，如看〈在酒樓上〉，嫌寫得太悲觀、頹傷、陰冷，沒有一點年輕人發揚奮進的精神。然而，就是這篇小說，使他難以忘卻，而且一碰上什麼釘子，無法可施時，就會想起〈在酒樓上〉，覺得自己就是呂緯甫，才真正感到魯迅是最理解人的感情，理解他的時代。所以，儘管紺弩一生碰壁，不時感到孤獨，卻未如呂緯甫那樣去教「詩云子曰」，倒是魯迅的思想文章伴隨他走完了人生的長途，從中吸取最徹底的革命民主主義思想，觀察現實的眼光也因此愈加敏銳、深刻。

一九二五年，他考入廣州中央陸軍軍官學校黃埔軍校第二期，不久即隨軍東征陳炯明。打下海豐縣後，暫留彭湃主辦的「海豐縣農民講習所」任教員。在當地的《陸安日報》上留下了不少他以筆名聶畸發表的詩文。

他在這個小小的縣城裏，第一次感受到軍官的權威。一次，有人密告某農民私藏軍火，他奉命去查找，把破房上下裏外翻拆遍，未見影跡，農民也拒不承認，他就按規矩把農民逮走，交農民自衛軍審查。可是內心卻產生了矛盾和苦惱：為什麼可以隨心抄百姓的家？為什麼可以隨意逮捕一個人？自己反對人壓迫人，卻又服從命令幹這種壓迫人的事。他向周圍的同志訴說對革命的疑惑，卻遭到攻擊、排擠、輕蔑，於是，更感到孤獨。直到新中國成立後，專政和民主法制關係的問題仍時時困擾著他。

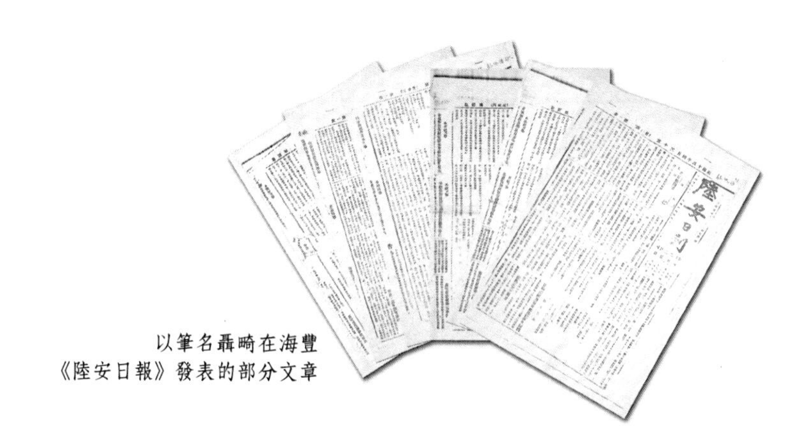

以筆名聶畸在海豐
《陸安日報》發表的部分文章

你占朝廷我占山

紺弩從海豐回到黃埔軍校不久，就面臨畢業分配。恰巧莫斯科中山大學前來招生，紺弩以第三名被錄取。一九二五年冬登上了去蘇聯的路途。

莫斯科中山大學幾乎雲集了國共兩黨的年輕的骨幹分子，包括蔣

與周穎訂婚於南京（1928年冬）

與同鄉好友鮑事天在南京（1928年冬）

介石的長子蔣經國。留蘇的中國學生除了本身分屬兩黨：又受到蘇聯黨內不同政見的派系影響，明爭暗鬥，頗為激烈。紺弩卻不屑參加黨派之爭。那時，他已對國民黨不滿，認為戴季陶編的《孫文主義哲學基礎》，是要孫中山承繼中國的道統，要捧孫中山的神主進聖廟，是復古，不是革命。對充滿家長軍閥氣的蔣介石更為不滿，早在黃埔時就宣稱，不出兩年，自己就會反蔣。對共產黨，則認為不少人是投機入黨。所以，他依然抱無政府主義態度，專心於學習，幾乎把圖書館裏的中文書籍讀遍，其中包括胡適的《中國哲學史大綱》、張慰慈的《政治學大綱》、梁漱溟的《東西文化及其哲學》等等，這些比課堂上講的列寧主義、政治經濟學，似乎更容易接受。因為他讀書多，又不時流露人道主義觀點，同學就稱他是「托爾斯泰」。

不過，當時中大的國民黨系學生領袖康澤卻給紺弩下了一個結論：太不世故，太任性，太好發牢騷，近於《三國演義》中的禰衡，如不留心，難免有殺身之禍。大概正是這種「糊塗蛋」的面目吧，當蔣介石發動「四· 一二」政變後，這批留學生被遣送回國，紺弩雖未遭清洗，卻被閒置了數月，才派往南京中央黨務學校任掛名的訓育員。在那裏，他與學生周穎相戀結婚。不久，任中央通訊社副主任。

那時，凡進過黃埔軍校和中山大學的國民黨員，只要向蔣介石表示忠誠，即可飛黃騰達。對此紺弩焉能不知？然而，他竟一直未領國民黨黨員證，也未在黃埔同學會登記。當他的同學如谷正綱、王陸一、鄭介民、康澤等一個個爬到蔣介石身邊，成為炙手可熱的權貴時，紺弩的心依然是淡淡的。他有自己的人生準則，誠如後來在〈釣台〉詩中云：「昔時朋友今時帝，你占朝廷我占山。」

紺弩占的「山」，便是搞文學創作，編報紙雜誌，尤喜編那活潑多彩的副刊。他一生編過六個副刊，影響深廣，卻也因此不時受到「朝廷」的戕害。

在南京，他編了第一個副刊《新京日報》的〈雨花〉，並與《新民報》副刊〈葫蘆〉主編金滿成組織「甚麼詩社」，出版《甚麼週刊》、《甚麼月刊》，專登新詩，社員多至一百來人。

隨著民族危機的加重，在「九・一八」民族救亡的高潮中，紺弩果真舉起了反蔣旗幟，組織「文藝青年反日會」，公開在上述報刊上發表抗日詩文，甚至散發傳單，提出「聯合世界上以平等待我之民族，停止一切內戰，共同抗日」等政治主張。終遭國民黨當局的恐嚇和追捕，他只得流亡日本。

在日本，經留學早稻田大學的妻子周穎的介紹，結識湖北同鄉胡

風、方翰等。當時胡風正在研究左翼文學理論，他否定了紺弩的詩文，促使紺弩積極鑽研文學創作和文藝理論。在日本他們共同組織「新文化研究會」，出版抗日刊物，一九三三年便被日本警察局驅逐回國。

回到上海後，紺弩即參加了「左聯」，並成為該聯盟的理論委員會主要成員。一九三四年又由擔任共產黨中央特科工作的同鄉吳奚如介紹，參加中國共產黨。此時，他己比較自覺地批判個人主義和虛無主義，力求用馬克思主義觀點去闡述各種社會現象和文學藝術方面的問題，成為三四十年代中國左翼文壇上活躍的作家之一。

攝於1929年春夏間

思考世真腳底皮

身為共產黨員和革命作家的聶紺弩，卻無「唯我獨革」的面孔。他依然保持著廣泛的社會聯繫，甚至利用舊關係，在汪精衛派系的《中華日報》上開闢左翼副刊〈動向〉，影響甚大。後又與魯迅、胡風等創辦《海燕》雜誌。

他經常代表「左聯」和下屬的光華大學小組聯繫。在周而復這些小老弟面前，他無絲毫領導架子，平易近人，積極支持他們編印大型文藝刊物《文學叢報》，並強調要「團結廣大的文藝工作者，不關門，沒有門戶之見。」因此，這個刊物既發表了胡風的〈人民大眾向文學要求什麼〉，提出「民族革命戰爭的大眾文學」這一口號供討論，也刊載了郭沫若的〈在國防的旗幟下〉，進一步闡述「國防文學」口號應有的正確內涵。刊物還同時發表了以茅盾、周揚發起的〈中國文藝家協會宣言〉和以魯迅、巴金為首的〈中國文藝工作者宣言〉，紺弩在這兩個大同而小異的宣言上都簽了名。當然，在對兩個口號的看法上，他有自己的傾向。

當周揚等人提出並大力宣傳「國防文學」這一口號時，紺弩和不少作家都感到這一口號作為創作口號是含糊的、不明確的，對所謂的「不是國防文學，就是漢奸文學」的斷語，覺察此乃「不

中華副刊
動向
導演方法論
何遠

編輯的副刊〈動向〉

與魯迅、胡風共同創辦的雜誌《海燕》

是同志就是敵人」的宗派主義老調的重彈，實際是拒絕、否定了未寫國防主題的作者和作品。因此，當他看到經魯迅、馮雪峰等商討，由胡風率先提出的新口號「民族革命戰爭的大眾文學」時，馬上同意將它作為「現階段文學的內容的特質」和「現階段的作家所應該努力的方向」，並在《夜鶯》雜誌上撰寫〈創作口號和聯合問題〉，支持新口號。不過，他在文中又指出應該正視「文壇上已經有了比這更簡練的創作口號，那口號已經發生了不小的影響……不應該忽視、抹煞，或輕率地作字句上的吹求」，也就是說，「國防文學」這一口號也可以繼續存在。只是他同意胡風的分析，新的口號「會統一了一切社會糾紛的主題」，所以「在現階段是居第一位的」。而正是這種所謂的「統一」、「第一位」的觀點，在當時宗派主義情緒嚴重的文壇上引發了一場混戰，胡風成為眾矢之的。

當時魯迅正在重病中，為了準確解釋新口號，消除宗派主義情緒，就由馮雪峰起草，魯迅修改、補寫並署名發表了〈答徐懋庸並關於抗日統一戰線問題〉的公開信。其中強調提出新口號的目的之一，「是為了補救『國防文學』這名詞本身在文學思想的意義上的不明瞭性，以及糾正一些注進『國防文學』這名詞裏去的不正確的意見」，並非是什麼「統一戰線的總口號」。在承認「胡風的文章解釋不清楚是事實」之後，又著重指出：「如果不以徐懋庸他們解釋『國防文學』的那一套來解釋這口號，如聶紺弩等所致的錯誤，那麼這口號和宗派主義或關門主義是並不相干的。」顯然，這封公開信用心良苦，讓支持胡風觀點的紺弩來承擔宗派主義、關門主義的錯誤，原因之一是，因為那時周揚等對胡風的成見極深，而紺弩與各方的關係尚好，不致引起更大的紛爭。事實果真如此。不久在馮雪峰的努力下，論爭雙方和文壇其他各派代表共同發表〈文藝界同人為團結禦侮與言論自由宣言〉，達到了聯合抗日救亡的目的。

儘管由於魯迅和馮雪峰在公開信中批評了紺弩，使他後來在《魯迅全集》的注釋中，在一些研究兩個口號之爭的文章中，成了三十年代宗派主義的代表人物，紺弩不免有點委屈，但他始終認為雪峰在建立文藝界抗日統一戰線方面功不可沒。所以，當他和筆者談到當年「兩個口號論爭」的舊案時，毫無怨言地說：「那時，大家都年輕，都想證明自己是對的。魯迅批評了我，我還想寫文章反駁，但胡風告訴我，魯迅希望我們不要再寫了，我也就接受了這個意見。為了平息論爭，團結抗日，個人委屈又何足道哉？」

紺弩十分欣賞魯迅在〈答徐懋庸〉公開信中的一句名言，即對待新的口號，「如果人不用腳底皮去思想，而是用過一點腦子，那就不能隨便說句『標新立異』就完事」 。一九六六年胡風流徙四川，紺弩曾遠贈詩作多首，其中〈風懷〉之二云：

三十年前口號提，今方定案敢嫌遲。
國防一派爭曾烈，魯迅先生病正危。
當日萬言名論在，凌煙諸將首功誰。
介推焚死哈哈笑，思考世真腳底皮。

紺弩把胡風在「兩個口號論爭」中的遭遇，比為春秋時追隨晉公子重耳的介子推，未想邀功卻被火焚死，他自己的結局也類似。而有的人在回憶、研究兩個口號論爭這段往事時，不是全面地去思考雙方立論的依據和口號本身的涵義和解釋上的問題，而是斤斤計較於口號是誰提出來的，唯以黨內某人指示和魯迅有無手書作為論斷是非的標準。這種因人立言，因人廢言，因人而異的思想方法，往往造成文學界不必要的糾紛，也妨礙了後人對文學爭鳴上的問題作出正確的總結。此類腳底皮式的思考，不僅讓當年的魯迅憤懣，也令今天的被批判者覺得可笑。紺弩正是以對歷史負責的精神，認真地思考了魯迅批評他的錯誤所在，恰如他在〈讀《金瓶梅》〉一文中說：「魯迅全集所注，我亦不解。錯誤在：我在《作家》上發表過一篇文章〈關於世界文庫翻印古書〉，是攻擊鄭振鐸同志的，後來還在什麼刊物上發表過一篇〈一九三五年的語文運動〉，也是攻擊鄭的。就政治上說，就是破壞統一戰線。」

此乃從歷史的高度和總體上認識自己青年時期思想激烈、片面的錯誤傾向。

正是這種實事求是的正直的總結，使紺弩的思想創作迅速走向成熟。他的長詩〈一個高大的背影倒了〉，被公認為是悼念魯迅的最好的輓歌。抗日戰爭開始後，他就投入到抗日的大洪流中，輾轉於武漢、山西、延安、西安，並曾一度前往皖南新四軍，只是他始終是提筆戰鬥。到四十年代桂林期間，他的創作進一步登上高峰，表現了他豐富的閱歷和精深的文化素養。他的小說、散文，具有濃厚的生活氣息；雜文更是獨具一格，論古說今，汪洋恣肆，委婉曲折，機趣多刺，如〈韓康的藥店〉、〈兔先生的發言〉等等，都是傳誦一時的名作。

紺弩對中國古典小說的研究也頗多創見。如評論《封神榜》，真可謂化腐朽為神奇。魯迅曾評這部明代神魔小說，「其根柢，則方士之見而已。」紺弩則在〈論《封神榜》〉中進一步剖析了這部大眾讀物，認為其迷信神怪思想對中國社會的毒害極深，乃至「占著它確乎不拔的支配地位」；但又指出：書中描寫的許多「正」、「邪」教的衝突，「如剝去那江湖術士的外衣，也未嘗不可以有樸素的腳踏實地的解釋」。後來他又陸續寫出〈論蓮花化身〉、〈論通天教主〉、〈論申公豹〉、〈再論申公豹〉、〈從《擊壤歌》扯到《封神演義》〉等等，都能透過荒唐的神鬼描寫，聽到歷史的回聲，賦予它現實的生命力。後來，他對《水滸傳》、《聊齋志異》、《金瓶梅》、《紅樓夢》等的研究，更可以說是對中國幾千年來吃人禮教的批判。

1938年在西安（左起：塞克、田間、紺弩、蕭紅、丁玲、端木蕻良）

1938年在皖南新四軍軍部
（左起黃源、彭柏山、聶紺弩）

1948年攝於香港

1949年在香港
（左起：周而復、洪道、聶紺弩）

阿Q、莊子、資本論

列上這組小標題，實在有點不倫不類，然而，此三者卻是支撐著紺弩後半輩子生活的精神支柱。

紺弩在贈著名新聞記者，古典文學專家張友鸞的〈悠然六十〉之三中有詩云：「大錯邀君朝北闕，半生無冕忽南冠」，係自責當年不該邀請老友來京共襄出版工作，使這位當了半輩子無冕之王的新聞記者，戴上了罪人右派的帽子。據説張友鸞看後付之一笑曰：「在劫難逃，與卿何干？」紺弩自身不是也「在劫難逃」嗎？

新中國成立之初，紺弩受黨的指示在香港做統戰工作，後又充任《文匯報》主筆。一九五一年他才回到北京，擔任人民文學出版社副總編兼古典部主任。他和妻女也在北京團聚。安定的生活環境，使他決意收起鳴不平的帶刺的筆，專心致力於整理祖國文化遺產。一九五四年，他主持整理出版了《水滸》的七十一回本和一百二十回本，又通過去蘇北實地調查施耐庵的材料，寫出獨具己見的《水滸》五論。正當他努力以辯證唯物主義和歷史唯物主義的觀點去解決中國古典文學研究中積沉的難點時，他卻失去了寫作的權利。

首先把他拉下馬的是一九五四年的肅反運動。曾加入過國民黨，又從不諱言與許多反共人物有過來往的聶紺弩，順理成章地遭隔離審查，連他在香港時動員一些曾反共的國民黨舊軍政人員回歸大陸，也成了疑點，更須交待他和特務頭子康澤的「非常友誼」。原來，一九四八年在解放戰爭中康澤被人民解放軍俘虜後，紺弩想起曾答應為康澤作傳，便踐約寫了一篇〈記康澤〉，不料遭到一些人批評，指責紺弩把一個反動政客寫得十分精明，還顯得頗有「情義」。魯迅早就揭破中國人的「世故」：「見勝兆則紛紛聚集，見敗兆則紛紛逃亡」。紺弩卻從不知避瓜田李下之嫌。在反覆的批判、反省下，他痛苦地在交待材料上自侮自罪，自我否定，就像小時候那樣，在母親的雞毛

1951年攝於北京

五十年代與愛女海燕在北京

帚下屈打成招。他原以為這樣就能搞清楚問題，最後卻以「有嚴重的政治歷史問題」，被開除共產黨的黨籍。至今，在一些看過他交待材料者的眼裏，他仍是一個烏七八糟的人。「文章信口雌黃易，思想椎心坦白難。」即是他對這種切膚之痛的深刻感慨。

緊接而來的便是震撼文壇的「胡風反革命集團案」，追查他和胡風的長期交情，他便給自己扣了一頂帽子：「比胡風分子還要胡風分子」。後因在胡風家中搜出一封紺弩夫人周穎勸胡風多作自我批評的信，夫妻倆才倖免於難。

然而，一九五七年卻因身為「民革」領導人員的紺弩夫人熱誠幫助黨整風，批評肅反擴大化，還責問：胡風算啥反革命？於是，未鳴放的紺弩成了幕後策劃者，夫妻雙雙被打成右派。遭此接連飛來的橫禍，紺弩倒有了比林沖灑脫的感覺：「男兒臉刻黃金印，一笑心輕白虎堂」。一種慷慨怨涼之情，促使他以半百之年，堅持要求參加流放北大荒的右派行列，不願在京城看故舊變了

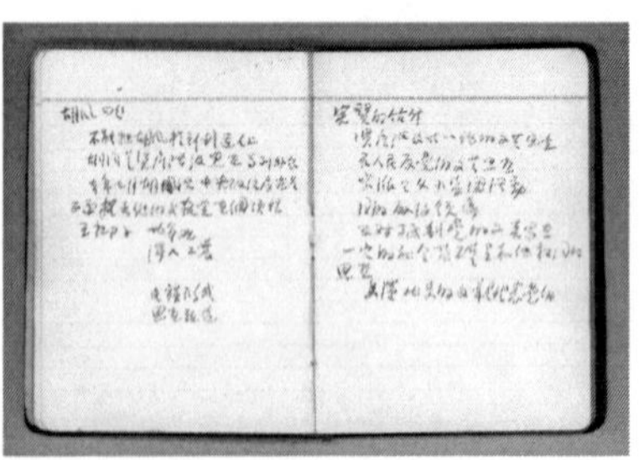

五十年代工作、政治運動記錄本

的顏色，做愚弱國民的示眾材料。

天寒地凍的荒漠，使紺弩凝積了萬千情思。恰逢有令，要人人寫詩歌頌勞動，紺弩便遵命提筆，將心聲傾聚於他過去否定的舊體詩形式中。讀這些名為「北荒草」的小詩，人們驚歎他那種與命運抗爭的亦莊亦諧，亦冷亦熱的情愫，卻也感到有一股「阿Q氣」。紺弩也承認，詩中把「挑起一擔水，自謂挑起『一擔乾坤』（〈挑水〉）；挑土和泥，自謂『九合諸侯一匡天下』（〈脫坯〉）；何等阿Q氣，豈只詼諧、滑稽、打油而已哉」。卻又說：「阿Q氣是奴性的變種，當然是不好的東西，但人能以它為精神依靠，從某種情況下活過來，它又是好東西……哲學上的一分為二的辯證法，真是顛撲不破的真理。」（《散宜生詩．後記》）其實這是在一種無法自拔下，欲求生存的詭辯邏輯。

誠然，在一九五七年和「文革」年代，「阿Q氣」幾乎已成了從屈辱中挺過來的中國知識份子的一種體驗和笑

聶紺弩在北大荒：老頭上工圖（丁聰畫）

談，也許是因為它和中國根深蒂固的老莊思想有某種精神上的相通。紺弩正是把自己的萬般酸楚，寄託在艱辛卻蘊有情趣的勞動中，並以凡人雜事，俗習白話入舊詩高雅之廟堂，變「獷言」為富有生命力的奇句，以至開舊體詩之新風。

一九六二年他摘帽返京，被安排在全國政協文史資料委員會掛個「文史專員」的閒差。他難酬壯志，便在文化遺產和舊體詩中磨淬神思。為消遣無聊，竟於拙處巧對工仗，更多俏皮詼諧之句，但正如他在《散宜生詩· 自序》中說：「半個多世紀以來，目睹前輩和友輩，英才碩學，嘔盡心肝。志士仁人，成仁取義。英雄豪傑，轉戰沙場。高明之家，人鬼均嫉……有時悲從中來，不知何故，所謂『淚倩封神三眼流』（拙句）者，人或以為滑稽，自視則十分嚴肅，且謂莊子的極端自私的個人主義思想亦未嘗全無所見，然真人類及歷史之大悲也。」

不過，紺弩未因洞悉人生之大悲而消沉，倒是因從莊子遊更曠達自信。因此，在十年浩劫中，他面臨無期徒刑的殘酷現實，屈辱地忍受各種非人的折磨，卻不廢苦讀和思考。他以監獄為學習的聖地，反覆窮究馬克思的《資本論》、恩格斯的《反杜林論》等著作，以唯物的自然辯證邏輯啟發神志，振奮生命，從「商品」的二重性中把握現代社會的歷史和人生的閟契。他的思路，不再是遇順境高揚馬克思主義，處逆境宣洩莊子般的牢騷，忽而峻急，忽而平緩。深奧的《資本論》和老莊哲學的精華，一經他的迂回幽思，融會貫通。

正是這斗室深宵的爝火，照亮了他晚年的創作，走向巔峰。一九七六年十一月二日他從山西臨汾監獄回到的北京，和親人及胡風、蕭軍等劫後生還的老友重聚。兩年後他的詩文不斷出現在報章上。他以《資本論》中關於「資本家是資本的人格化」的觀點，指導《金瓶梅》的研究，也以此糾正青年時期把它看為淫書的偏見。他依循魯迅「有字皆從人著想」的思路，剖析了反映在中國古典小說中的一系列仁和禮，在詩中疾呼：「何處不是人肉宴，古久帳簿幾篇章」（〈題《狂人日記》〉），責問：「女人何故屬男人？」（〈小說三人物・祥林嫂〉）悲歎讀書人「渾身瘦骨終殘骨，滿面傷痕雜淚痕。」（〈孔乙己〉）由莊子所指的「遙蕩恣睢轉徙之途」，念及「不恣睢」必「桎梏」的天下，乃清醒於「大權操在老子手，整錯雜種敢何詞」（〈阿Q〉）的有權無法社會，敲響了「方生未生將生者，倘不全蘇定永淪」（〈改《野草》七題為七律・《淡淡的血痕中》〉）的警鐘。

1976年11月2日從山西返京時在北京火車站合影（中周穎，右駱賓基，後中左聶紺弩，後中右戴浩）

與胡風、蕭軍三家人劫後生還合影（1980年秋）

中國君子陋於知人心

婦女問題，是紺弩對「人」思考的重要內容之一。他曾引用法國傅立葉的話說：「一國文野，看其婦女所處地位。」

早在少年時，他常見母親在冬夜的燈下對著唱本唱《再生緣》、《二度梅》、《梁山伯和祝英台》等，唱著唱著就流出了眼淚。紺弩窺測到一個封建家庭的女子內心的寂寞和精神寄託。然而，他也看到母親硬是把養女（實為使喚丫頭）賣給窮山溝裏的老夫，活活夭折了她心中的愛苗。在以後的生活中，他又遇到各種命運悲苦的女子，有的已成了他所創作的小說人物的原型，如〈姐姐〉、〈兩條路〉、〈旁聽〉、〈酒船〉中的女主人公。紺弩的雜文也有不少是論婦女問題的。一九四一年，他在桂林《力報》主編副刊〈新墾地〉時，還發動了一場女權問題的論辯，成為「五四」以來有關婦女是走向社會還是回到家庭的第二次大論戰。他對中外古典小說的評論，更有不少涉及婦女問題，如〈談《簡·愛》〉、〈談《娜拉》〉，以及對《水滸》、《紅樓夢》、《聊齋志異》、《花月痕》、《金瓶梅》中婦女觀的品評。在這些文章中，紺弩不僅同情、支持婦女為爭取生存、創造的權利而作出的奮鬥，鞭撻那些吞噬、污辱、損害婦女的惡勢力，同時也真誠地告誡婦女要正視自己的缺點，克服自輕自賤的依賴思想和柔弱的性格。他對頗有才情，已經「飛」起來的女作家蕭紅，有著深沉的感情，因而更惋惜她為過多的「自我犧牲精神所累」，栽到「奴隸的死所」上。

他呼籲解放婦女，渴望真正的男女平等，追求純真、自由的男女之愛。

他曾借《莊子》裏某人的話說：「中國之君子明於知禮義而陋於知人心」，「人心」也者，即私欲、嗜欲也。他很欣賞柳亞子送兒子柳無忌詩中的一聯：「須知戀愛彌綸者，不在綱常束縛中。」但不贊同亞子先生和「只手打孔家店的老英雄」吳虞那樣，從冶遊中找尋戀愛，乃至自以為是反對綱常名教，是革命。他渴求的是真實生活中靈肉一致的男女情愛。為了尋求真正的愛，他不惜做各種名教的罪人，所以和他的政治生命一樣，在愛情、婚姻家庭生活中，他也是傷痕雜淚痕，難解其中味。

紺弩的原配髮妻申小姑是母親為傳宗接代而婚娶的表親，這位表小姐苦守空房四年死去，也就埋葬了封建名教結下的苦果。

二十二歲的紺弩東征到海豐後，才嚐到初戀的甘泉。活潑熱情的農民講習所學員——陸安師範宣傳隊員敖少瓊，給孤獨的紺弩帶來了希望。然而，待到一九二七年「四・一二事件」後，紺弩從蘇聯回國，要求去海豐看望她，她卻堅決拒絕。直到三十多年後，紺弩重訪海豐，方知她那時正被疑為反革命通敵分子，罪證就是國民黨黨員聶紺弩的來信。這初戀之花竟在革命的名義下凋零。

陷於失戀痛苦中的紺弩，久久未覺察黨務學校以大膽著稱的女學生周穎正在暗暗地追求他。周穎十二歲就參加了周恩來等組織的「覺悟社」活動，她自小失怙，一見紺弩，就愛上了這位言談隨和詼諧的訓育員。她以機智而又執著的追求，終於贏得了紺弩的心，一九二九年結為夫婦。他倆都是魯迅思想的真誠追求者，他們把愛的結晶——魯迅逝世那年誕生的女兒，命名為海燕，這是紺弩和魯迅等合編的雜誌名。

但是，紺弩對周穎的感情又十分複雜。紺弩是一個富有詩人氣質的文學家，慣於無拘無束的思想，生活散漫，感情卻細膩，語言含蓄。而周穎是一個熱情的社會活動家，擅於演講，好發議論，豪爽之下不免失之空疏，也不是紺弩所喜好的詩文書棋的對手，天長日久，心靈便少溝通。八年抗戰離亂，兩人天各一方，紺弩由皖南新四軍軍部來到金華後，竟與一位詩人的妻子發生感情糾葛。恰在此時，又耳聞故鄉京山遭敵機大轟炸，化為焦土，頓時勾起了對避居老家的妻女的懷念，一篇〈離人散記〉，曲訴衷腸，也割斷了婚外戀。

當周穎沿江尋夫到重慶時，卻驚聞紺弩在桂林和一位名為石聯星的女演員熱戀。把周穎視為小阿妹的鄧穎超和周恩來，狠狠地批評了「大自由主義者」聶紺弩。這場苦戀留下的是一首苦澀的《無題》詩：

雨露凋上楓樹林，金風吹遍女兒心。
抽簪化地成銀漢，背水施屏障錦衾。
二十六個和一個，誰家豪富誰情深。
早知拋卻紅塵去，碧海青天任古今。

紺弩與周穎間的傷痕遠未彌合，他的心又被一位認識已久的有文學氣質的業餘女作家高抗（吳向真）所牽動。在婚變的風波中，擔任重慶勞動協會福利部主任的周穎，突然被國民黨政府逮捕，社會各界人士紛紛聲援。紺弩即挺身發表〈記周穎〉，歌頌他那有智有謀又富於犧牲精神的妻子。待到周穎被釋放，隨勞協去香港開闢新陣地時，紺弩竟幻想和戀人私奔解放區。就在登上輪船的剎那間，戀人為理智束縛而悄然離去。紺弩四處尋找不得，才服從組織命令前往香港，唯將新出版的雜文集名為《二鴉雜文》，二鴉者，二丫也，乃以離去的戀人乳名，化作自己的筆名。

新中國成立後，紺弩在北京情願住在出版社，跟一位頗男性化的女子談心，也不願在家聽周穎發議論。他又找到了已成為兒童文學家的二丫，迫切地希望他倆各自離婚後再結連枝。然而，一場政治運動的亂棍，把他和他的妻與戀人，都打成了右派和右傾分子。

紺弩和周穎間似乎有一個強大的磁場。每當周穎有難時，紺弩即著文廣為聲援；在紺弩遭滅頂之災際，周穎則充當他堅強的後盾。她「寒荒萬里探獄」，澄清了所謂的紺弩在北大荒縱火燒房罪。在文化大革命中，紺弩以莫須有的反無產階級專政的罪名，被判無期徒刑。在近乎絕望的境地，周穎執著地尋找各種關係，不斷向上申訴，直到親自把形如槁木的紺弩接回家中。一天，紺弩終於探悉老妻是在獨自承擔愛女海燕自殺身亡的慘痛中，心力交瘁地照料著家中大小人丁。當晚，他含著濕透衣裳的淚水為周穎寫下〈驚聞海燕之變後又贈〉詩一首：

願君越老越年輕，路越崎嶇越坦平。
膝下全虛空母愛，心中不通豈人情。
方今世面多風雨，何止一家損罐瓶。
稀古嫗翁相慰樂，非鰥未寡且偕行。

紺弩與周穎結婚五十周年照

在歷經患難與共、九死一生的風雨後，紺弩與周穎比以往任何時候更為體貼。正如紺弩在另一首〈贈周婆〉的詩中云：「五十年今超蜜月。」

但紺弩底心裏仍藏著他過去愛戀的人。在他病臥郵電醫院時，當年熱戀的女演員聞訊前往探望，後又在五屆政協會議期間和紺弩夫婦相遇，三位老人在親切的交談中冰釋前怨。只是周穎心中仍有隱怨。她耳聞紺弩曾暗託養女丹丹將香港剛出版的《三草》，送給已獨居的二丫，並在詩集空白處寫上反右前作的舊詩一首：

幾年才見兩三回，欲語還停但舉杯。
君果何心偷淚去，我如不死寄詩來。
一冬白雪無消息，此夜梅花誰主裁。
怕聽收音機裏唱，梁山伯與祝英台。

贈高抗

几年才見兩三回欲語还停但举杯君果何心偷泪去我如不死寄诗来一冬白ヨ无消息梅此夜梅花孰主裁最怕收音机里唱梁山伯与祝英台

反右前作

詩〈贈高抗〉手跡

她也略知祝英台曾幾次趨訪病中的梁山伯。所以，有一天她見紺弩銜煙憑立窗前發呆，禁不住調侃：「怎麼？又在想你那個祝英台啦？」紺弩一言未發，回首吐出悠悠輕煙，又回到臥榻上。

紺弩的多次愛戀，曾受組織的批判，情敵的爭鬥，友人的指責，世人多不解，他亦無悔無恨。而愛他的女子，包括他的老妻都說：「紺弩的愛是真誠的，不是玩弄。」抑或此即為中國君子陋知的「人心」？

從德充符到散宜生

紺弩的〈《贈答草》序詩〉有句云：「尊酒有清還有濁，吾謀全是亦全非」。這是他幾十年自我解剖後的思想飛揚。然而，其間因檢查思想、創作上的清濁是非而備受的煎熬及付出的代價，又有誰評說？紺弩老友鍾敬文送他的輓聯上句寫道：「晚年竟以舊詩稱自問恐非初意」。在荊棘叢生的文壇上，紺弩終於放棄了他早年頗有抱負並已有成就的小說、新詩、散文、雜文創作，令人惋惜不已。

就其思想的取捨而論，紺弩所選

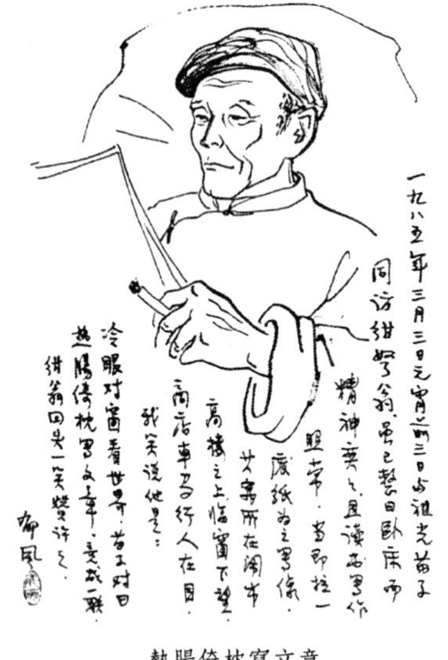

熱腸倚枕寫文章
（郁風畫於1985年3月3日）

擇的也並非是一條可喜的新路。被周恩來稱為「大自由主義者」的紺弩，實際上總是在不斷地批判自己，如他的文集《天亮了》的初版和再版序言，對書中以《莊子》篇名〈德充符〉為題的小說，自評就很不同。一九四九年初版時，他說明題為〈德充符〉，乃「意謂人最重要的是德性充足，形體之類無足輕重」，因此文中表揚了殘廢的「主人公的一點美德，也要算是對舊世界的戰鬥的」。到一九五〇年再版時，他已感到文中宣揚了一種狷介思想，消極地做好人的思想，如不屑脅肩諂笑，同流合污之類，然而，這「比之於進取、有為、革命，那意義是很小的」。他自責道：「在舊中國，在反動統治下作為一個作者，一方面固然對那統治作過若干程度的戰鬥；另一方面也作過更多的適應，有時甚至變成思想的麻痹，以達到極小的一點點為滿足。〈德充符〉是那種情況之下的產物」。

然而，三十年後，紺弩將自己的舊體詩集名為《散宜生詩》，並在〈自序〉中有一段長長的解釋道：「贈人伐木句云：『高材見汝膽齊落，矮樹逢人肩互摩。』不知何以忽得此二句，竊自喜之。以為不枉讀了一回《莊子》。莊子以某種樹為散木，以不材終天年。少時常見人自稱散人，以為散是閒散。及讀《莊子》，乃知為不材或無用之意。知識份子（舊知識份子尤然）一入老境，很容易領悟到此生虛度，自己真是不材、無用，即偶有成就，亦微不足道，故自稱散人。」「但此意未必始於莊子，殷周之際似已有之。周文王的『亂臣』九人中，有名『散宜生』者，此名了無涵義則已，假定『名以義取』，則恰為『無用（散）終天年』（適宜於生存）、『無用之用，實為大用』（苟活偷生的大用）。老夫耄矣，久自知為散人散木，無志無才，唯一可述：或能終此久病之天年而已。因竊借『散宜生』為號，而命所做詩為《散宜生詩》云。」

一九八三年，他又作自壽詩〈八十〉三首，其一云：

子曰學而時習之，至今七十幾年癡。
南洋群島波翻筆，北大荒原雪壓詩。
猶是太公垂釣日，早非亞子獻章時。
平生自省無他短，短在庸凡老始知。

以上可謂紺弩老人在歷盡坎坷後識得的人生真諦。老人以久病之身，堅持不斷著述，從中可見他自謂「散人」、「庸人」，實是以此作為戰勝天命、人意的精神力量，非消極頹廢之言，但其悲涼之情已溢於言表。且不說他大半生積極、進取、有為、革命，即以他早年對形體殘疾而「德充符」的肯定，觀照前後思想之落差，實在令人愴然！莫非人一定要自貶到庸凡後才適宜於生存嗎？這與一百年前達爾文的「物競天擇，適者生存」的進化論，豈非背道

詩〈八十虛度〉手跡

而行？然而，正是這個生遭摧殘的紺孥，將「散宜生」這個殘廢了的靈魂擺在國人面前，讓人震顫，任人思考：緣何幾千年來在中國土地上，大凡「散人」、「庸人」適宜於生存，或更有大用？

寫於一九九二年一月

第三章

為周穎辨正

——讀章詒和文後

章詒和女士的《往事並不如煙》是今年的熱銷書，不少讀者看了其中的〈斯人寂寞——聶紺弩晚年片斷〉（下文簡稱「章文」）後，給我打來電話，說他們看了後才明白紺弩夫人周穎竟是一點人味都沒有，簡直不是人，紺弩真可憐。他們知道我跟紺弩夫婦晚年有交往，所以問我的看法。我聽了心中很不平靜。章女士的文章在去年《新文學史料》第三期刊出時，我就很吃驚，文中寫的主人公聶紺弩、周穎夫婦還有他們的朋友陳鳳兮、朱靜芳等，我都有不同程度的接觸，而我所知的事實，我積累的印象，和章文有許多不同。特別是周穎的形象，在章女士的筆下完全成了一個吝嗇小氣、忘恩負義、猥瑣不堪的女人，我曾向編輯們略述該文的失實之處。後來聽胡風、梅志的女兒曉風說，她也曾直接給作者提了類似的意見；我又在報刊上看到了一些指出該文錯誤的鐵證。原以為已盡了一個讀者的責任。不料收進書中

的文章連最簡單的一些事實都未訂正，以至反響如此可怕。我不得不放下案頭的工作，為早已作古的周穎女士辨正。

有待糾正的片斷

首先我要談一件我親歷的事。章女士在文中提到一九八六年聶紺弩先生病逝，她的母親李健生女士「是從《光明日報》上得知這個消息的。她在等，等周穎寄來訃告和參加追悼會的通知。」當章女士把中國藝術研究院老院長張庚先生參加了追悼會的消息告訴母親時，「母親的眼圈立刻紅了。」「第二天下午，沈默一日的母親像是自言，又像在對我說『紺弩去了，我和周穎的關係到此結束。』」這一段充滿深情的記述，誰看了都會暗責周穎無情。然而我卻頓生疑竇。因為當時我也是從報紙上看到聶老病故的消息，即匆匆去聶家弔唁。那天去的人不少，胡風的小兒子曉山也趕來幫忙料理後事。由於紺弩夫婦的獨生女兒遺下的一對兒女年齡還小，養女

在郵電醫院接待李健生、陳鳳兮與朱靜芳等（後左起：周穎、李健生、朱靜芳、陳鳳兮、戴醫生）

丹丹忙於接待，所以周穎就要求我每天去幫她處理文字上的事，包括擬定發訃告及參加追悼會的名單，交紺弩先生曾工作過的人民文學出版社匯總。名單是她一邊說，我一邊記錄。她是民革領導成員，她把相熟的其他民主黨派的領導都一一寫上了。當時來電話打聽追悼會何時開並要求參加的人非常多，名單越寫越長，周穎還唯恐有遺留的，跟我反覆校對。章女士的母親李健生，既是農工民主黨的領導之一，又是周穎常在我面前念叨的好朋友，李大姐的名字我耳熟能詳，怎麼會漏記漏發呢？難道我的記性有問題？幸而紺弩夫婦的外孫至今仍保存著四冊參加聶紺弩追悼會的簽到簿，他電告我其中一本有「李健生」的大名。我不放心，又專程去查看一下。果然在一本精美的簽到本中，有著「李健生」三個頗大的字，她的上下左右密密地簽著陳明、蔣路、汪洋、謝素台、林辰、孫一珍等等筆跡不一的弔唁者的名字。我彷彿又回到了那個充滿哀思的場面，也為已與紺弩同臥地下的周穎不

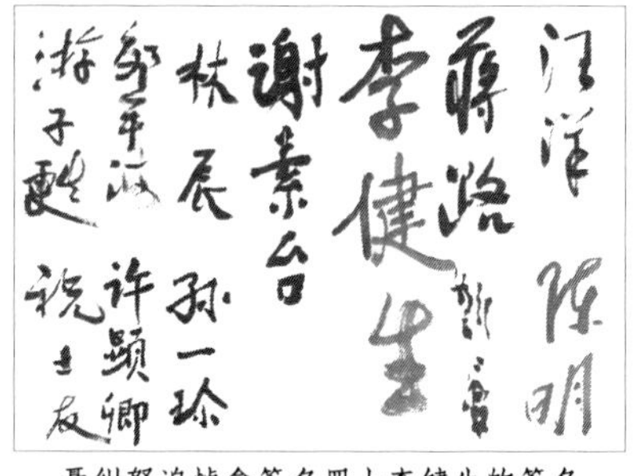

聶紺弩追悼會簽名冊上李健生的簽名

再蒙這不白之冤而略略感到寬慰。

然而，訃告問題只是章文指責周穎的一件小小事而已，她的整篇文章幾乎都是在訴說紺弩「斯人寂寞」的原因全在於周穎造成的，而且細節描寫活靈活現，從為人，談吐到生活，周穎無一是處，隱私更是怵目驚心。然而，這些又大都不是作者親眼所見，親耳所聞。連被章文引話最多的朱靜芳女士，也在今年一月二十一日給我寄來她寫的〈紀念聶紺弩百歲誕辰的回憶〉中申明：小愚（章詒和）所說「片斷」，要「留以後再糾正」。這位為營救聶紺弩兩次去山西監獄奔走的高級法官，頗為感慨地說：「小愚在文章中提到我這個朱靜芳三個字的地方還不少。但是她並未曾向我採訪過，因此對我並不瞭解就隨便的猜想我是『陪審員』」。

佚詩藏謝意

說到這裏，我也要辨正一下章文中有關朱靜芳的一個細節。章文說：「聶紺弩獲釋經過，朱靜芳對外人很少談及。後來周穎便對別人講：『我們老聶能夠出來，是由於某首長出面。』話傳到朱靜芳耳朵裏，惹出一肚子火。氣憤的她當著聶紺弩的面質問周穎，又說：『你這是忘恩負義，過河拆橋。』『我講不過你。』理屈詞窮的周穎說罷，便去衛生間。」「坐在一旁的聶紺弩樂滋滋地對朱靜芳說『她怕你。』」從這段描述來看，作者全是聽朱靜芳說的，而朱靜芳所聽的周穎跟別人說的話，也是傳言而已。這個傳言可信嗎？

關於聶紺弩這個共產黨員為什麼最後竟以一個國民黨黨政軍特

的身份被特赦回家，一直是所有關心紺弩者心中的謎團，我和不少人就曾多次問紺弩和周穎。紺弩說，他在獄中一直寫申訴書。周穎也說她不斷地向各有關部門和上層人物寫申訴書，包括她在覺悟社時期相熟並稱之為姐夫的周恩來；鄧小平復出後，她聽說老朋友胡繩進了政策研究室，也託他代傳訴狀，但都石沉大海，最後不知哪條線起了作用？直到二老都作古後，一九九三年聶詩研究者侯井天先生在中國現代文學館發現了聶紺弩〈贈送朱靜芳大姐〉的六句佚詩：「急人之急女朱家，兩度河汾走飛車。刀筆縱橫光閃閃，化楊枝水灑枯花。勸君更進一杯茶，千里萬里亦中華。」他敏感地意識到這與聶的出獄有關，便輾轉尋找朱大姐其人。朱靜芳也終於被感動，說出了真相。她說她當時雖身背右派之名，但因受李健生、周穎委託救聶紺弩，曾兩次前往山西臨汾監獄，找到她的好友──彭獄政科長及其丈夫楊監獄長，介紹了聶紺弩的革命經歷和作品，指出判決其無期徒刑的根據空洞不實，不合法，因此聶在獄中被優待；在中央公佈特赦國民黨黨政軍特令時，恰巧有一名犯人病死，獄官們便以聶紺弩曾是黃埔軍校二期學員，擔任過國民黨中央通訊社副主任等經歷，將他頂替病死者釋放了。朱靜芳還對侯井天和我都說過：她當時要求紺弩夫婦對楊、彭二人相救之事保密，免遭不測。所以朱靜芳本人隱瞞此事十七年，而那位已退休並死了丈夫的女獄政科長，直到一九九七年還強調「聶的特赦是當時有黨的政策規定，我監根據黨的政策辦理手續的」，「更不能頂替弄虛作假。」（據查：監獄的上報材料上都如實寫明「聶紺弩」的名字，和「現反」即現行反革命的性質，未弄虛作假，倒是「上下一致通過」這個「現反」特赦，頗為奇特。看來，周穎、紺弩的不斷上告，也起了

一定的作用。）為了保密，紺弩也沒有將〈贈送朱靜芳大姐〉諸詩收入詩集中。但他們夫婦倆的感激之情，倒保存在一九七九年三月十四日周穎給朱靜芳的信中。該信主要是報告三月十日北京市高級法院派人送來對老聶的平反通知：「撤銷原判，宣告無罪」，信後又說：「臨汾老彭那裏，我在想怎樣表示謝謝她，還未想好，心稍平靜再說。」後來他們將聶紺弩新出版的《散宜生詩》分贈給監獄管理人員，此乃無價可比的至高感謝。最近朱靜芳女士來京參加三月十八日「紀念聶紺弩百年誕辰暨《聶紺弩全集》首發式」，她又一次當面跟我說：她從未說過周穎「忘恩負義，過河拆橋」之類的話；並再三強調：去山西援救聶紺弩的車資等費用，均由周穎負擔，並非如章文所說的出自章母。鑒於上述種種事實，周穎遵守約定，在友人前不提朱靜芳又有什麼過錯呢？她究竟是否是忘恩負義之人，自有公道可論。

周穎致朱靜芳信（1979年3月14日）

消逝中的古風

余生也晚，我是在一九七六年冬天才奉我上海表姨之命去看望剛釋放回家的紺弩伯伯和周穎阿姨的。在日後與他們的多次接觸中，我深切地感到紺弩和周穎是一對不忘涓滴之恩也不拘小節的夫婦。周穎和我的表姨姚楚琦是留日時的同學，每當說起楚琦姨，周穎都會深情地說：「一九四六年我從國民黨監獄出來，你姨就買了一件海虎絨大衣送給我禦寒。」她跟紺弩也常常跟我說起當年在日本時他們夫婦和胡風、方翰、王達夫因抗日被捕後，我表姨如何以監護人和家屬的名義援助他們。紺弩還在他寫的回憶散文〈檻房雜記〉中，把我那高鼻樑的表姨代稱為「美人」。可是我從沒有聽楚琦姨說起過這些事，倒是說過當她因認識胡風而被審查、停職後，一些老友在經濟上資助了她，其中就有周穎。她們似乎只記得對方曾給自己的幫助，這種古風在當今實在太少見了。大約是一九七四～一九七五年間吧，楚琦姨來京時，還到周穎家住了一段日子。朱靜芳曾電告我，那時她也住在周穎家，她們吃的菜大都是菜場上的處理菜。我想，這就很不錯了。那時，周穎只有幾十元工資，要養幾口人，我的窮姨媽也不會有太多的錢給老友開伙的，但她們在一起圖的是真誠的交談和關懷。

我和周穎阿姨相熟後，她常常不由自主地對我回顧三十年代在上海參加左翼戲劇家聯盟時的生活。她說：那時我們這幫窮朋友，沒幾個人有錢的，可是相處得非常好。誰有了錢，就一起跑到八仙橋去吃麵，錢不夠，大家添。她多麼懷念那幫有著生死之交的朋友啊！新中國成立之初，周穎和聶紺弩過著相對比較穩定富裕的生活，聶紺弩的

特赦歸來與周穎、重病的表嫂合影
（1976年冬）

與住在家中的留蘇老同學胡建文
攝於1981年春節

在家中接待秦似、彭燕郊（1982年）

表嫂（其丈夫在抗日戰爭中犧牲後，周穎便請她幫助自己料理家務，成為聶家重要的一員）做得一手好菜，朋友們也因此經常去聶家聚餐。而章文所鄙視的周穎經常在章家連吃帶拿的行為，恰是在文化大革命後期，其時又老又病的紺弩剛從獄中釋放出來，家中還有女兒遺下的小孩，而管家表嫂所患的腸癌正岌岌可危，一向不善烹飪的周穎也就很不客氣地把章家（還有其他好友家）的美食儘量多的帶回去給家中的老少食用。平民化的周穎在章文中被描繪成一個貪婪者，也許就是這種不分你我的習慣，已經和現代風氣相隔太遠了。

我在他們家裏總能看到住在他家的朋友，其中有老同鄉，有紺弩留俄時的老同學，有獄中小友，有老友之子，往往是少則住個把月，多則一年半載。我還沒有見過天下有幾家如此好客的。令我印象最深的是紺弩逝世後住在他家的姚辛先生。他由於刻苦研究「左聯」，自費來京挖掘資料，已窮得連娘子也離他而去了。周穎得知後，便讓他在她家膳宿，還給他介紹結識原左聯人士。姚辛終於完成了一本厚厚的《左聯詞典》，填補了現代文學史料上的空白。姚辛的回報是把聶老的遺稿等整理成包，代周穎贈送中國現代文學館。我很為這兩代人間無私的情誼感動。

由於我家離聶家較遠，所以每次去看望他們，常常被留下便飯。我見他們一家的飯菜跟尋常人家一樣簡簡單單，倒是在紺弩的面前總有一小碗他愛吃的湖北味的米粉肉之類的高級菜。他家的茶水，一般都是將茶葉沖泡在一個較大的共用茶壺裏，各自倒在杯中喝；唯有常年躺在床上的紺弩是用一個不起眼的小泥茶壺飲水。不知那茶壺是否就是章文所説的從章家要來的古董——曾讓章母「有些心疼，並念叨：『也不知老聶用上茶壺沒有』」。周穎是不懂也不會收藏古董的，她是個講實用的人，哪會藏了起來？

周穎確實很節儉，但也是個會疼人的女性。記得我在她家協助治喪時，她見我瘦弱，下午四點左右總要給我送來

在家中接待高旅（1982年）

中国现代文学馆

静芳同志：您好！

久未相见，不知一切可好？时在念中。

上月中国现代文学馆来人谈，他们馆正编辑《中国现代作家书信丛书》，天津百花文艺出版社出版，首册《茅盾书信集》已问世，其余如《郭沫若书信集》、《冰心书信集》、《巴金书信集》等也将陆续面世。馆方认为，这套丛书中也要有一本《聂绀弩书信集》，并命我搜集绀弩书信。您是绀弩患难中的朋友，想来他一定给您写过信吧，如有他的信件，请务必复印一份给我，以便编入此书，十分感谢！

来件请直接寄：北京市西三环北路十二号中国现代文学馆刘麟同志收。

问候全家好！即颂

秋祺

周颖 周颖

1988.10.19.

周穎致朱靜芳信
（1988年10月19日姚辛代筆）

塗了黃油、夾了雞蛋的烤麵包，還加一杯牛奶，而她自己最多沖杯即溶咖啡提提神。有人曾勸周穎別太節儉了，她卻說：你們別管我，我已習慣了。她的衣著更是沒什麼新的式樣，有時外出參加活動，挑一條彩色圍巾或花襯衫穿戴，好幽默的紺弩見了也會嘲笑說：「會情人去啦！」不知情的人竟把此話當真聽了。可周穎對此滿不在乎，一笑了之。有一次，紺弩夫婦跟我談起了年輕時的狂放事。周穎笑憶自己有一天，同幾個朋友一起在某某詩人家裏喝酒醉了，醒來一看，她自己竟和詩人一起睡在地上。紺弩靠在床上聽著，也眯著眼笑。二老都笑談紺弩「早晨六點」，輕易地「推開門一看」的並無秘密可言的如煙往事了，我們這些旁雜之人還需要把縹渺的煙點旺嗎？況且至今流傳的版本竟有名有姓的說那個詩人是某某某，其實那人跟他們夫婦倆毫無交往。

傳言是不可隨便相信的。例如胡喬木先生主動探訪紺弩並提出要為《散宜生詩》作序這件事，我和不少朋友在與紺弩的交談中，都感到他（包括周穎）經歷了三個情感過程；初聞頗為驚恐；繼而詩集因胡序遲遲未寫而不能如期出版時出現的焦慮和不耐煩；及至看到胡序肯切評價後的某種欣慰。當然，胡序與詩人的靈魂仍有距離。而章文引傳一位「知名度頗高的作家」的話說：「忿極的聶紺弩倚案而立，怒氣衝口而出，厲聲切齒」惡罵胡喬木為自己的詩集作序，這種狀況發生在《散宜生詩》出版後，實在令人難以想像，不是太虛狂了嗎？倒是那位作家所問的混帳話：「你是怎麼找到喬木，請他作序的」，肯定會惹惱紺弩，所以怒罵的對象還需考究考究呢！

還有關於周穎男友的種種傳言，我曾問過傳言者，大抵是一些極陳腐的看法，諸如周穎自己說某人病了，她為他治療，並睡在床下的地上，陪他度夜；或有人見她在四十年代與某男性手牽著手走路，而且此種傳言不少來自某老太太口中。且不說無事生非吧，若真的在他們夫婦分分離離時曾另有所愛，難道現代女性章女士的筆下就應該如此不分青紅皂白地惡罵嗎？

災難把兩人連在一起

要說崇敬周穎的男性還真不少，因為她有一股豪氣，再加上對人真誠，辦事認真，很有魄力。所以像胡風這樣的實幹家，對自由散漫的紺弩或有不滿，對周穎倒是很誇獎，有事還願找她商量。章文描述「周穎拎著個黑塑膠提包」外出辦事，常不在家，似乎這也成了周穎讓紺弩寂寞的根由。那末，周穎究竟幹什麼去了呢？八十年代是「四人幫」倒臺後的撥亂反正時期，身為民革組織部副部長的周穎，是很忙的。我聽人說她經常自掏腰包，擠著公共汽車去瞭解情況，為人平反。至今在她的遺物中還保存不少向她求助和感謝的信。紺弩在〈記周穎〉一文中寫他對周穎的愛，不正是這種不顧個人安危，仗義執言，有勇有謀的豪爽之氣嗎？一九五七年，也正是因為周穎以胡風案和駱賓基被整為例，指出中共有「肅反擴大化」的錯誤，才成為《人民日報》點名的大右派，紺弩也因為曾替她的文章修改了幾處而被連坐「戴帽」，可是紺弩從未因此阻止老妻「管閒事」。

我一直覺得這對老夫妻的情感頗奇特：過去由於他們夫婦倆長期處在戰亂的環境中，工作性質也不同，離多聚少的夫妻生活，曾使兩

贈周大姐詩三首

個氣質不太一樣的夫婦產生裂痕，還鬧了分居、離婚；但奇怪的是把他倆緊緊地連在一起的再婚，竟是雙方天大的災難。三、四十年代聶紺弩懷著深情撰寫的〈離人散記〉、〈記周穎〉，都在周穎遭日寇轟炸和蹲監獄時，而此時紺弩也割斷了自己兩段婚外情。五十年代周穎奔赴北大荒救助因失火被關押的丈夫，及七十年代到處寫信為丈夫伸冤的事蹟，早已在朋友中傳為美談，而且紺弩都寫進了自己的詩中。

願君愈老愈年輕

當然這對個性都相當強的老夫老妻，平時也會因誤解而發生相爭相譏的事，一旦誤會化解了，也就像不少人間夫妻一樣，並無隔夜仇。如章文傳說的紺弩對愛女自殺遺囑內容的種種質疑，出獄不久的紺弩是可能產生的。我最初拜訪他時，他對我這個陌生人提出的第一個要求，便是代為尋找愛女為什麼不來看他的原因？後來我一打聽，就在他出獄前一個月，其女海燕就因政治壓力和夫妻婚戀危機等問題而自殺，繼而女婿也因內疚而身亡。我從未聽說周穎在其中有何責任。至於為什麼女兒遺囑「我的兩個小孩千萬不要讓母親帶」？我曾問過一位熟悉她們家事的人，據說女婿曾嫌岳父母的政治問題影響了自己的前途和小家庭；女兒也嫌母親對孩子有點溺愛，時有爭吵。但周穎和紺弩一樣疼愛女兒，我曾不時地聽他倆一起深情地回憶愛女，只是末了紺弩總要強調：「如果海燕知道我要回來，她一定不會死的。」周穎聽後，總是默默地走開，她內心的痛楚可能比不知底細的紺弩更深。不料諸如此類夫妻母女間的矛盾，一經章文的渲染和擴大，暗示成了周穎是造成女兒自殺的禍首，是形成紺弩「斯人寂寞」的心底秘

紺弩和周穎對奕

密。然而，不管別人怎麼說，紺弩在〈贈周婆（二首）〉中所吟的：「五十年今超蜜月，願君越老越年輕」，卻是不爭的事實。

這對經受過上世紀二十年代性解放思想洗禮的夫婦，對性關係有他們自己的認識，處理的方式恐怕也很難為世俗理解。如黨組織曾批判紺弩的婚外戀為「玩弄女性」，而周穎跟我再三強調：「你聶伯伯從未玩弄過女性」；我也曾看到紺弩晚年寫給友人的信中讚美老妻是世上最有意志力和耐力的偉大女性，還原諒了他許多對不起她的事。但不希望被表揚的周穎收走了此信，找不到了。好在最近王存誠教授告訴我，他處存有紺弩八十歲時（逝世前三年）寫給另一名叫「大戈」友人的半封信，內容與此相同，其中還說：「至今與老伴相處甚洽。我的過失都被饒恕了」。紺弩常常感歎「中國之君子明於禮義而陋於知人心」，同樣有此感歎、疾此陋習的吳祖光先生，所以對持有懷疑的章女士堅稱：聶、周是「模範夫妻」。而我更覺得他倆是世上難得的患難夫妻。

聶紺弩逝世後，周穎分到民革新房，章文說如果聶還在世，「聶伯伯未必肯搬去住。」假設無從驗證了，假設的根據則是周穎此房似乎得來曖昧。我實在不懂，周穎自上個世紀二十年代參加革命以來，立下了無數的功績，還曾任第六、七屆全國政協常委，梅志女士在她的《往事如煙》一書中說得好：「穎大姐曾經走南闖北，是個名聲赫赫的女將……如果她熱衷名位，她滿可以成為一個很吃得開的女政治家。」後因反右等一系列運動，周穎被降職降薪，遭遇極其坎坷；待到撥亂反正，年近八十的她，還承擔著一系列的工作，難道連住進靠近工作處的一所普普通通的四室一廳的房子都沒有資格？都要受到

「來源曖昧」的質疑嗎？順便說一下，新中國成立後不久就被打倒的紺弩，從未得到過工作單位分配的房子，他住的都是周穎名下的房，所以有時不免有「沾了老婆的光」之類憤激之語，這難道是針對周穎的嗎？

最後更令我奇怪的是章文傳播的所謂聶紺弩「憤激」之語：「現在她（文中指周穎）和我只剩下一種關係了。」在別人追問下，「老聶瞪大眼睛，說：『金錢關係呀！還能是別的？我再告訴你們——我死以前，會把自己所有的稿費、存款都交黨費。一分不留。』」這是老聶——紺弩的思想、行為嗎？我曾聽說他恢復黨籍後，有人要他補交坐牢時的黨費。他不肯交，對人說：「那又不是我不交，是他們不要我了，不讓我交啊！現在他們又變了，要我了，我可沒變，我幹麼要補交？」直到有指示說，只有補交了才能續上黨齡，他才無奈交了。再說啦，周穎立下的遺囑，是把家中的現款平分給他倆摯愛的外孫、

紺弩親屬在追悼會上（周穎左旁外孫女方娟，中養女吳丹丹，右外孫方瞳）

外孫女，還有早年收養的朋友之女丹丹，及照料二老晚年生活的周穎侄女——異母弟弟的女兒。他們沒有一個是姓聶的，但我想，性情豁達的紺弩也不會反對這樣的安排吧。

不喜套話招人厭

周穎和李健生本是好朋友，可能因誤會而有了隔閡。如章文說其母送紺弩螃蟹，周穎說：「我們老聶不愛吃。」由此感到周穎無情。我讀梅志女士憶紺弩的〈悼念之餘〉時，恰好其中也有一段五十年代請紺弩吃螃蟹，「誰知他是一口假牙，吃螃蟹很困難」的尷尬事。周穎直率地回絕了李健生，連句道謝話都沒有，這確實有周穎不喜歡說世故套話的風格。這種風格很使一些人不喜歡她，也會使人產生誤會，但我想李健生女士幾十年來曾與周穎保持很好的關係，恐怕原本也不會對這種風格有意見的吧。

其實，周穎和李健生絕不會因為這一丁點小事而喪失友誼的。她倆在紺弩出獄前就曾發生過一次較大的誤會，但在八十年代初周穎還常去看望李大姐。據曾陪同前往的人說，見她倆情同姐妹般地親熱，十分感動；有一次周穎見李大姐獨自在樓下的小院內為家事紛爭而掉淚，不由為她解憂，甚至批評了她的某些子女。後來，周穎也感到自己很難進入章家了，這可見於周穎一九八三年十二月八日致朱靜芳的信，她訴說：「也說（不）清為什麼，我好久沒有去看李大姐了，甚至，我兩次特意乘車到永安里去看她，可我每次下車後，站在那裏半天，又轉回來了。這是為什麼？我們和李大姐關係可不一般，我們同病相憐，在艱苦的日子結交，我、你和她是患難、生死的朋友，我們不會忘記她，我們時時都在思念著她……不錯！不管我們通信、來往與否，不管多少時候，我們誰也不會忘記誰，這是肯定的。」這說不清的來往少的原因，頗耐人尋味。

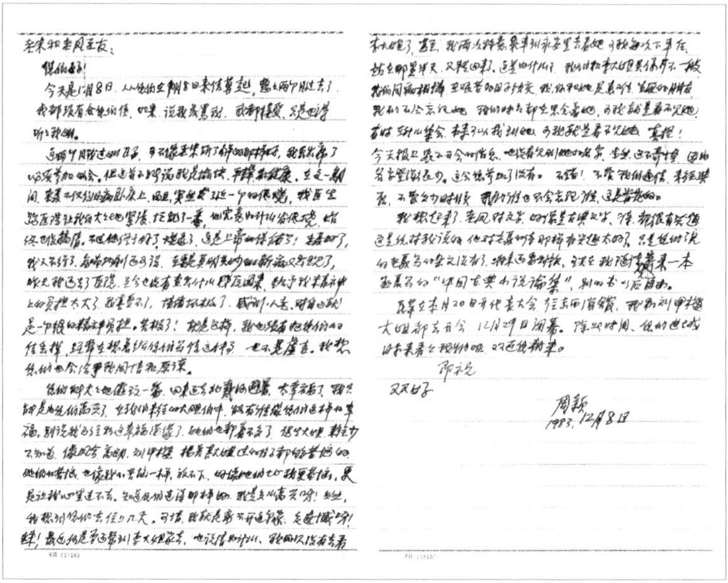
周穎
1983.12月8日

周穎致朱靜芳信（1983年12月8日）

周穎和她的老伴紺弩一樣，歷經坎坷，但她都堅強地挺過來了，然而她不知身後竟雪上加霜。諸如此類這種憑個人的好惡，任意在私生活上醜化人，誣陷人的文字，難道不是重蹈過去「整人」的覆轍嗎？難道這種被某些評論家捧抬的「記憶中的真實」或「想像中的真實」是符合人物性格和歷史邏輯的嗎？難道這也是有著「《史記》風

聶紺弩追悼會上部分輓聯

格的信史」嗎？真令人不寒而慄。連我這個無黨無派的小人物，也不禁為周穎流淚，為紺弩難受。紺弩的後半生幾乎是被傳言包圍著，陷害著，不料在這理應還本清源時，卻又被人刻意誤傳他的話來攻擊老妻。我彷彿看到了二老及其後代的心在流血！

章女士的《往事並不如煙》，應是一本重要的，有史料價值的書；修史寫傳，也應有「三不諱」的精神。但不管是寫尊者、賢者、長者乃至惡者、仇者、敵者，都要遵守實事求是這一基本準則。我們編《魯迅年譜》時的導師李何林先生、王瑤先生反覆強調：為人編年譜寫傳，不能有聞必錄，應認真考察。長期生活於港臺的作家徐訏先生在見了蘇雪林苛評魯迅的文章後，也很不以為然，認為「刻薄陰損，似有太過」，感歎「許多過分刻薄的批評可以使任何善舉都成為醜惡」。我們並不要求章女士去寫完人、聖人，但她是文化大革命的過來人，應知某些舞文弄墨者的戰績，既可把死馬說成活馬，也可點糞成金，點金成糞，乃至殺人。此理在當今仍需我們用心體會。

寫於二〇〇四年四月

【後續】

一、二〇〇六年十二月八日為人翻檢我保留的有關聶紺弩的舊物。不料我竟在舊物中翻出了籌備聶紺弩追悼會期間，周穎最初手書的四頁發送訃聞的名單，其第二頁「民主黨」（即農工民主黨簡稱）一項下，只寫了一個人名字，即「李健生」，並在名字上劃了勾，以示發出。睹此舊物，感慨萬千。周穎是否是無情人，觀者自明。

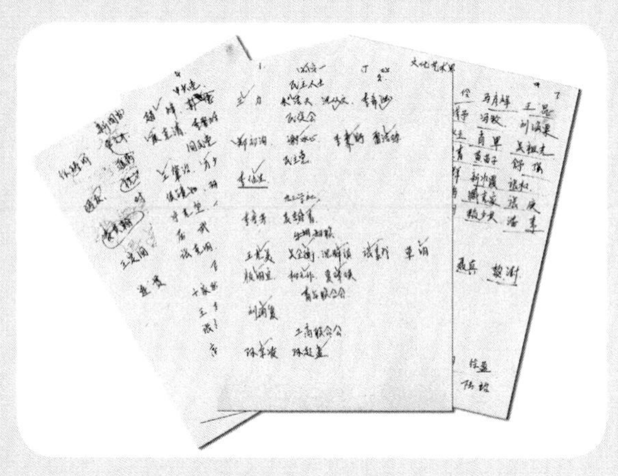

周穎手書的最初
發送聶紺弩訃聞的名單

二、二〇〇六年十二月三十日收到侯井天先生寄來的信，轉來山西省高級人民法院院長李玉臻（筆名寓真）先生從聶紺弩刑事訴訟檔案中發現的一些佚詩和佚散材料，其中有一件是聶紺弩在五十年代寫給朱學範的信，如下：

學範先生：去年底由先生您證明，我與周穎同志離婚，並有您和我們的雙方簽字。簽字之前，您曾對我談，離婚以後可以維持一種友誼，覺得有復合必要，可以復合，您並願請客促成其事。我曾表示同意。因為您說的本來是一種（地）極自然的道理。但您這意思不應被誤解為維持友誼是一種條件，或某一方有要求另一方維持友誼的權利，尤其不能認為只要一方覺得有必要就可要求復合之類。我不願說周穎同志近來有什麼企圖，我只想向您和她聲明，我這一方不想維持什麼友誼，尤其不願復合。請您將此意轉告知周穎同志。並請將她近來給我的一封信退給她，我未看信的內容。又，那張離婚書上，您和周穎同志都只簽了名，而未蓋章，是否不蓋章也無深意，請您告訴我一下，並請詢問她的意見了之後告訴我一下。瑣事麻煩您，極為抱歉！聶紺弩謹上。

朱學範是周穎過去和當時工作上的領導，又同是民革的領導人、好朋友，因此請他作離婚證明人。章文有幾處都隱約地把朱指為周的情人。此信或許能讓人作出幾分判斷。

第四章

避禍海外的著名戲劇家、翻譯家姚克

定居美國的現代著名作家姚克（原名志伊，字莘農）在他發願回國之際，不幸於一九九一年十二月十八日猝然逝世，這一消息怎不令他的至親好友和研究者震悼？幸而，在中國人民的朋友愛德格・斯諾逝世二十周年時，姚克的夫人吳雯和女兒姚湘帶著他的遺願，隨美國「愛德格・斯諾基金會代表團」來華觀光並參加紀念會。因她們隨團旅遊京、滬等地，每處只待一、二天，未能訪友，但他們終究帶來了有關姚克的新資訊。北京魯迅博物館出版的一九九二年第八期《魯迅研究月刊》，發表了姚湘在「紀念愛德格・斯諾第五屆學術討論會」上的報告〈兩種文化，一個世界——愛德格・斯諾與我父親姚莘農的友誼〉，也隨發了我的訪談記〈幸會姚克的親人〉。

次年一月十四日，姚克妻女給我寄來兩封二十多年前斯諾的書簡。一封是她們在回國後從眾多檔堆裏找出的一九六九年九月

二十六日致姚莘農的信。這封信的意義是顯而易見的，它不僅表明在六十年代，斯諾和姚克還保持著親密的友誼，而且也反映了他們在三十年代共同編譯的《活的中國》（Living China）一書久遠的價值──在美國作為學習中國文學和語言的課程而為人需要，以至引起日本出版商重印的考慮。可惜至今尚不知這一版由姚克作序的英文本是否已出版？另一封是在一九六七年夏（或一九六八年春）斯諾給十一、二歲姚湘（英文名Hilda）的信，信中以一首詩表達了他的人生體會，並盼望姚湘去瑞士跟他家共同生活，全信洋溢著對一個兒童的愛心。正如姚湘在給我的信中所言：「這一頁紙是我從小保存在雜誌中的，提示我所受的特殊關切的一件真正的個人紀念品，就像進入埃德叔叔造成的倒行的通道，湧現出美好的回憶。」尤可珍貴的，這是斯諾的親筆信，其手跡在我國所保存的斯諾文物中也屬罕見。鑒於這兩封信的特殊價值，我請求她們准予翻譯並公開發表，又詢問了信

姚克（1905-1991）

中提及的一些人事，以求更清楚地瞭解書信的內容。

四月十日，吳雯女士又偕長女蘭、幼女湘隨威斯康辛—麥迪森大學和「皇家環遊線」組織的旅行團飛抵北京。在兩天內造訪了冰心、夏衍、蕭乾和黃華、韓敘、愛潑斯坦、魏璐詩等故友新交，拜謁了北大校園內的斯諾墓。十九日經韓國、日本水行到上海後，即探望了曾在姚克編劇的《清宮秘史》、《楚霸王》中扮演主角的舒適先生，觀看了《清宮秘史》的錄影；又一一拜訪了當年與姚克共創職業、苦幹劇團的黃佐臨、孫浩然、吳仞之先生；晚上和姚克胞弟志曾先生及其在滬親屬歡聚。次日中午即隨團去臺灣、香港返美。

吳雯母女和姚志曾等親屬及筆者

我在滬參加了她們的部分活動，又受託代為向在京的姚克好友致意。諸種巧合，竟把我昔日識見的資料串成一條線，越來越清晰地顯示出在三、四十年代中國文壇，劇壇上被稱為才子的姚克風貌和業績。

介紹活的中國、溝通中外文化

說姚克的業績，不能不首先談到他和魯迅、斯諾在三十年代向世界介紹中國文化藝術的巨大貢獻，並由此而結成的真誠的友誼。

據姚湘在她的「報告」中說：「愛德格・斯諾是在上海的記者俱樂部結識父親的」。考該俱樂部當屬西方的。又據姚志曾（即《魯迅日記》中的「省吾」，因替姚克轉遞信件等而與魯迅聯繫）在一九九二年十二月十六日給筆者的信中說：姚克和斯諾認識的時間是一九二九年夏秋之交，因姚克與英語報刊的編者大多是有往來的，「自一九三一年春，姚克應上海世界書局之聘，來到上海之後，我們兄弟倆一直住在一起……在此期間，我第一次聽到他談到斯諾是在一九三二年『一・二八』淞滬抗日戰爭時，他曾多次在晚上與斯諾同去北四川路、北河南路，近北火車站處採訪，實際上是去觀看十九路軍如何英勇作戰的。」其時，斯

斯諾

諾一方面密切注視並報導中國動盪的時局，同時擴展和中國人的交往。他急於想瞭解：「現代中國創作界是在怎樣活動著的？」欲向西方世界介紹中國現代作家的創作，姚克便成了他「能幹的合作者」。他在《復始之旅》（Journey to the Beginning）的「活的中國」一節中評價姚克說：「姚是東吳大學的畢業生，從未出過國，但英語相當精通。此外，他也熟悉中國古典文學和現代文學，這在教會學校出身的中國人中是不多見的。」

由於他們共同推崇魯迅，所以決定先搞一本英譯的魯迅短篇小說選集。他們首先研究的便是對中國社會揭露最深刻，也是最有影響的小說集《吶喊》，最早選譯的是描寫中國國民性的《阿Q正傳》。因需要向魯迅請求「翻譯的特權」，便由姚克在一九三二年十一月四日寫信給魯迅。魯迅回覆後，姚克即寫第二封信，卻因所寄之處北新書局的耽誤，直到次年三月五日才為魯迅收到。七日魯迅第一次在內山書店接

姚克與魯迅

《活的中國》

見了姚克，當面解答了翻譯中的難點。此後，二人聯繫頻繁，相互信任，如同月《魯迅日記》十五日載：「晚得姚君信，遂往漢彌爾登大廈Dr. Orlandini 寓夜飯」；二十四日載：「姚克邀往蒲石路訪客蘭恩夫人。」二人又互為宴請，介紹各自的朋友，如四月十三日「晚姚克來邀至其寓夜飯」；二十二日「得姚克信。晚在知味觀招諸友人夜飯，坐中為達夫等十二人」，其中即有姚克兄弟倆。二十九日「晚姚克招飲於會賓樓，同席八人。」同時，魯迅在五月二十二日應約完成〈英譯本《短篇小說選集》自序〉。二十六日「同姚克往大馬路照相」，以應選集之需。當年在雪懷照相館拍的兩張相片，其一為魯迅像，後印於美國《亞洲》（ASIA）等雜誌上，又刊於《活的中國》卷首，是最能反映魯迅神韻的肖像，在他逝世時即作為遺像懸掛於靈堂中；另一張是姚克和魯迅的合影，至今分別珍藏於北京魯迅博物館和美國姚克的家中。誠如斯諾後來在《活的中國》「編者序言」中所言：姚克「是一位有才能的青年評論家、劇作家和散文家，並且是魯迅的知友」。

從魯迅的日記和書信中可見，姚克致魯迅的信約五十二封，魯迅的覆信約三十三封，見面約二十二次。通信多的原因之一，是因為一九三三年春斯諾安家北平，九月初姚克正式應邀北上，共事翻譯。一九三四年五月姚克曾一度返滬，二十四日魯迅見到姚克來訪的留片，即覆信邀其兄弟倆在二十七日「惠臨」寓所，「擬略設菲酌，藉作長談。」姚克後來在悼念魯迅的〈最初和最後一面〉中曾寫自己初次去見魯迅時有點顧慮，因為魯迅「最討厭的是浮滑的『洋場惡少』，而我那天恰穿著一套嶄新的洋服，頭髮也梳得光光的，只怕被他斥辱一頓」，結果卻是相反。不少人奇怪魯迅何以對這位好修飾的洋場少年頗有好感，乃至傾心相談呢？其實姚克的許多老朋友如黃佐臨等，也都有過印象的轉變，在交往中感受到了他為人坦誠、懇切的優點。如果讀過現存的二十七封魯迅致姚克的書信，更可知他倆在志向、興趣、愛好乃至思想方面有不少相通處，形成了他們友誼的深厚基礎。

首先，他們都嚮往並致力於真實地向世界介紹中國的社會和文化。

一九三三年十一月十一日姚克在《申報・自由談》上發表〈美國人心目中的中國〉，稱讚斯諾在新著《遠東的前線》中對中國問題作了剴切痛快的評論；批評美國女作家諾拉・沃恩的暢銷小說《寄廬》對中國不真實、極可笑的描寫，且有許多關於政治和社會的謬論。魯迅看了有同感，在十一月十五日覆信中，「極贊成」姚克用英文創作小說的想法（即以其母親的一生為題材），認為「中國的事情，總是中國人做來，才可以見真相。」在次年一月二十五日信中又說：「先生作小說，極好。其實只要寫出實情，即於中國有益，是非曲直，昭然俱在，揭其障蔽，便是公道耳。」這也是魯迅欣然允許斯諾和姚克向世界介紹自己作品的原因之一；而且還建議他們在介紹中國現代文學時，應看到「現在新出臺的作家中，也很有可以注意的作品，倘使有工夫，我以為選譯一本，每人一篇，紹介出去，倒也很有意義的」（一九三三年十一月五日信）。斯諾和姚克接受了這個建議，但後來由於出版上的困難，非但魯迅的選集未能單獨出版，只是選譯了七篇（即〈藥〉、〈一件小事〉、〈孔乙己〉、〈祝福〉、〈風箏〉、〈論「他媽的！」〉和〈離婚〉），作為《活的中國》的第一部分；至於斯諾和他的學生蕭乾、楊剛等合譯的其他作者的小說也只選了十七篇，作為第二部分，合成一輯，一九三六年由英國倫敦喬治·G·哈拉普公司出版。《活的中國》的歷史價值，我們已在一九六九年斯諾致姚莘農的信中看到。緣何其影響如此久長？皆在於這些作品反映了當時中國的「真相」。

一九三三年末，他們又積極支持當時住在斯諾家中的法國《觀察》（Vu）雜誌記者綺達·譚麗德女士擬在法國籌備中國左翼美術家作品展覽的想法。斯諾及其夫人海倫·福斯特（筆名Nym Wales）和姚克一方面委託北平美術家王鈞初、梁以俅通過辦展覽會選出三十二幅繪畫；同時由姚克轉請魯迅在上海代為徵集五十八幅木刻畫，由姚克在京將魯迅寄來的目錄譯成英文寄回，魯迅又請其弟省吾對照原畫校訂後，於一九三四年一月十七日將五十八幅木刻和英文目錄一併寄給譚麗德。

革命的中國藝術展說明書

展出的部分木刻作品

他們在一個多月內完成了全部工作，其工作之無私，合作之默契、效率之高速，令人欽佩。而這些藝術品以「革命的中國藝術展」之名於一九三四年三月十四日在巴黎，繼後在莫斯科展出後，也達到了他們預期的目的。正如法國革命文藝家協會秘書長伐揚一古久列等給中國同志的信中所說：展覽不僅「掀起了巨大的同情和激動」，而且「它們是我們早已瞭解的，中國工農大眾與革命的先鋒隊所進行的不斷鬥爭的一種極為生動的說明」。可惜這些信當時魯迅和姚克都未能看到。

在搜集漢唐畫像方面，他們的志趣亦頗一致。魯迅早已陸續搜得一大箱，「曾擬摘取其關於生活狀況者，印以傳世」（一九三四年三月六日信）。姚克更建議介紹到世界上去，並願意協助，因此魯迅在四月二十二日信中說：「石刻畫像印起來，是要加一點說明的，先生肯給我譯成英文，更好。」但後來因為時間與財力所限，終未能如願。

魯迅對姚克「以西文介紹中國現狀」這一工作，也給予極大的肯定，認為「亦大有益」（一九三三年六月十八日信）。又鼓勵說：「先生能發表英文，極好，發表之處，是不必太選擇的。」「關於中國文藝情形，先生能陸續作文發表，最好。我看外國人對於這些事，非常模糊，而所謂『大師』，『學者』之流，則一味自吹自捧，絕不可靠，青年又少有精通外國文者，有話難開口，弄得漆黑一團。」「寫英文的必要，決不下於寫漢文，我想世界上洋熱昏一定很多，淋一桶冷水，給清楚一點，對於華洋兩面，都有益處的。」（分別見一九三四年二月二十日、三月六日；一九三六年四月二十日信）在魯迅的鼓勵下，姚克繼一九三三年四月七日在北平英文《字林西報》發表〈新

文藝運動：傾向與前景〉之類的文章後，一九三五年又參與英文雜誌《天下月刊》的編委工作，不僅撰文介紹〈魯迅：他的生平和作品〉，報導《活的中國》出版的消息，還悉心翻譯、評論中國古典文學、戲劇等等。可以說，早在三十年代，姚克已是向世界正確介紹中國文化的最用力的架橋者之一。

其二，姚克和魯迅的藝術觀也頗多共同點。如姚克請魯迅代為找畫家給英譯《阿Q正傳》插畫，並認為：「好的插畫，比一張大油畫之力為大」；魯迅在一九三四年四月十二日回信中覺得「這是極對的」。因為他們都追求藝術的「真確」，所以重視這被人視為「末技」之插畫。魯迅請木刻家魏猛克作了五幅用毛筆畫的帶中國畫風的插圖。一九三五年美國《亞洲》第二期發表姚莘農譯、斯諾作序的〈藥〉，也附印了王鈞初的插畫〈兩個母親〉。

他們又都痛感「中國環境，與藝術最不利，青年竟無法看見一幅歐美名畫的原作，都在摸暗弄堂，要有傑

LU HSUN: HIS LIFE AND WORKS

By Yao Hsin-nung (姚莘農)

Bearing the portcullis of darkness on my shoulder, I carry on my back the heavy burden of the past to put it in the open and under the light.
—Lu Hsün: *Grave* (墳).

There is an old joke at the expense of the scholars of Shaohsing (紹興). It says that there was once a mountebank in that city, who made the following boastful remark to people: "Of all the writers in the world," he began, "those of Shaohsing are the best. Among the best writers of Shaohsing, my brother stands foremost." Then he continued: "But my brother still has to submit his essays to me for polishing up."

This, of course, was originally meant to be a joke, but strange to say, it has turned out to be no joke at all. For Shaohsing has actually produced two brothers worthy of that charlatan's boast, Chou Shu-jên (周樹人) and Chou Tso-jên (周作人). And Chou Shu-jên, the elder brother, is none other than Lu Hsün (魯迅, his pen-name), the greatest and most important writer of China today.

The early life of Lu Hsün was one of misfortune and hardship which was later to provide him with ample materials and experiences for his masterpieces. According to his own account, he was born in 1881, in a well-to-do country-scholar's house at Shaohsing. At the age of thirteen, a great adversity befell his family, throwing him into poverty and disgrace. Shortly afterwards, his father died and the financial standing of the family sank so low that he had frequently to suffer the insult of being called a beggar. Providence had it that he should open his eyes to realities at a tender age and fight ever after for better things to come. How his early misfortunes and hardships must have cut deeply into his young heart is fully reflected in the most brilliant satires and down-to-the-

[348]

《天下月刊》姚莘農文：魯迅

出的作家，恐怕是很難的。」（見魯迅一九三四年三月二十四日信）。因此他們都積極配合斯諾、史沫特萊，協助王鈞初這樣的青年美術家出國學習。他們自己又都投身於翻譯外國文學、戲劇的工作中去。如姚克在一九三六年三月到一九三七年四月，僅在復刊的《譯文》上，就譯載了西方作家的作品十篇，並完成了蕭伯納第一部成功的戲劇《魔鬼的門徒》的翻譯工作，於一九三六年作為《譯文叢書》之一出版。他之所以對該劇感興趣，正如他在「譯序」中所說：「是因為它的背景是美國革命，而且它的主角，力佳德・德敬的一言一動多少帶一些反抗的，有主義的，和願為貫徹主義而死的精神。」

《魔鬼的門徒》精裝、平裝本封面

在藝術上他們都強調要切近生活，所以都反對讀死書，反對白話的文藝創作去向那些遠離生活的文言古書學習。姚克在一九三四年二月七日《自由談》上發表〈讀古書之商榷〉，並在十三日致魯迅的信中談了有關詩的意見。魯迅在二月二十日的覆信中認為「來論之關於詩者，是很對的。歌，詩，詞，曲，我以為原是民間物，文人取為己有，越做越難懂，弄得變成僵石，他們就又去取一樣，又來慢慢的絞死它。」縱觀姚克在《自由談》上發表的〈北平印象記〉、〈論大出喪〉、〈天橋風景線〉，以及連載的十則〈北平素描〉，都十分注重觀察民間的人情風俗，努力學習北京的地方口語俗話。因此，儘管他是南方人，卻生動地描繪出北方的生活特色，語言更充滿了地方色彩。

其三，他們對中國社會現實的看法，也常常不謀而合，所以魯迅能與姚克交流思想，暢談人生之體會。如對一九三三年「閩變」、「粵變」的看法，對小報造謠的憤慨，對楊邨人輩之變化萬端，以及上海文壇上種種的不乾不淨，都能一吐心中之塊壘。魯迅對涉世尚不深的姚克，則備加愛護，告誡他對那些「滿口激烈之談者，其人便須留意」（一九三四年四月十二日信）；對某些外國人「倘未深知底細，交際當稍小心」（一九三四年一月二十五日信）。

思想上的溝通，使姚克與魯迅、斯諾結為相互信賴的朋友。如斯諾最初決定秘密訪問陝北革命根據地時，曾邀姚克同往，後未遂。但據姚志曾說，其兄姚克曾為斯諾的西北之行向各方聯繫。一九三六年四月，斯諾臨行前到上海求取宋慶齡的幫助，《魯迅日記》在二十六日也記下了姚克和斯諾來訪，但因外出未遇。後來斯諾在〈向魯迅致敬〉一文中卻談到了當年五月訪問魯迅的情景，而魯迅在日記中，鑒於慣例，未記下有秘密之行的斯諾的來訪。這次會見，姚克作為翻譯，理應在場。

因此，姚克在魯迅逝世後作的〈痛悼魯迅先生〉一文中，針對那些指責魯迅「多疑」的論調說：「我們須知他所『多疑』的不過是那些『可疑』的人，對於『不可疑』的人，他是坦然不疑的。」在魯迅逝世當天，他陪同明星影片公司人員到魯迅家中，為人們留下了這位偉大文豪最後的一面。

奔走呼籲抗戰，靈活開展劇運

姚克自完成和斯諾合作編譯魯迅的小說後，不久就投入上海的進步電影、戲劇事業中去。一九三六年七月，原明星影片公司進行革新和改組，分別建立一廠和二廠，重建編劇委員會，歐陽予倩為主任，姚克為副主任。很快姚克就寫出一個數百字的故事梗概〈清明時節〉，由歐陽予倩編成電影劇本並導演拍攝。該故事是寫地主家的丫環春蘭受老爺凌辱，生下一個男孩後被趕出家門。十年後，地主及其兒子都死了，地主太太強索男孩歸宗，已堅強起來的春蘭誓不從命，被迫離開了上海。該劇旨在揭露封建制度的兇暴和黑暗，這是姚克描寫勞動人民的一部戲劇。

一九三七年蘆溝橋事變發生後，上海於七月十五日成立了全國文藝界最早的抗日統一戰線組織「中國劇作家協會」。姚克是發起人之一，並參與集體創作三幕劇《保衛蘆溝橋》，近百人演出，顯示了中華民族以血肉築成的新長城與敵人搏鬥的壯烈場面。

同年八月，姚克赴莫斯科參加蘇聯第五屆戲劇節。後又在歐洲考察戲劇，不料為歐戰所阻，滯留英國。為了爭取世界各國支持中國的抗日戰爭，他在英國著名的特拉法加廣場演說，又到英國廣播公司所在的亞歷山大宮內參加電視演講，成了走上電視螢幕的第一位中國人（據說也是第一位亞洲人）。而後他獲得洛克菲勒基金會研究基金到美國耶魯大學戲劇學院修業。為了實踐，他以戲劇家的身份到全國廣播公司（NBC）和時代前進報導影室（March of Time Studio）觀摩實習，豐富了他的藝術修養和功底。儘管他在美國生活安定且有成就，但他始終心繫中華，一九四〇年他回到了祖國。

此時，他熟悉的上海早已淪為孤島。姚克一方面在聖約翰大學、復旦大學等校執教，同時參加師生業餘的戲劇活動。據當年「復旦劇社」的胡辛安回憶說：同學們很歡迎姚克，因為該社的創始人洪深去了大後方，恰巧又來了一個同樣深受美國戲劇藝術薰陶的姚克。他們倆都很重視編出完整的劇本。在教學中，姚克常常是由他講一個故事梗概，讓學生編出不同的劇本。他又強調舞臺語言的精練，要突出人物的動作，追求舞臺的風格和節奏。他為學生排練洪深根據英國王爾德劇本《溫德米爾太太的扇子》改編的《少奶奶的扇子》時，讓胡辛安拿著一個計時表，同時朗讀原作和譯編本，以示表演上的速度快慢，通過實例予以改進。他編導的外國戲，雖也求適合中國人的口味，但在細節上力求表達出外國人的生活實際。那時，他的英國太太也成了排練場上的生活禮節顧問。

在孤島上海，他也看到有一批戲劇家在艱險的環境中堅持開展戲劇運動，便首先和中共地下黨員于伶領導的上海劇藝社聯繫，參與他們的戲劇活動，為該團排演了一齣早期的蘇聯戲劇。但姚克又不滿足於固定在一個劇社工作，一九四一年他和費穆聯合創建「天風劇團」，先後主持演出了《浮生若夢》、《十字街頭》、《梅花夢》、

《孤島男女》等劇。由於姚克和費穆都生活於蘇州的世家，又都喜歡唱崑曲，對清史都很有研究，姚克因此迅速編寫了一出宮廷戲《清宮怨》，以戊戌政變為背景，寫變法與反變法的鬥爭。該劇不僅講究旗人的宮廷禮儀，人物語言也是一口京片子，由費穆導演，在當時唯一能上演愛國進步話劇的「璇宮劇場」演出。該劇一下子轟動了孤島，連演三個月之久，演員換了好幾波，造就不少新星，如舒適、慕容婉兒在該劇分飾光緒皇帝和珍妃，名聲鵲起。

但當時也有人擔心該劇的意義會被人發生懷疑，諸如是否會被疑為是要表明留在孤島不走是對的？它是不是歌頌了改良主義呢？對此，姚克很坦然地說：凡事不能不看具體環境和歷史背景，在那時不跟慈禧逃跑，堅持下來達到變法維新的目的，那時的改良主義就是進步的。後來他在一九四三年出版的《清宮怨》劇本前寫了一篇〈獨白〉，共十段。其一云：「把史實改編為戲劇，並不是把歷史搬上舞臺；因為寫劇本和編歷史教科書是截然不同的。歷史家所講究的是往事的實錄，而戲劇家所感興趣的只是故事的戲劇性和人生味。」

其二云：「看書不是求籤，看劇本不是解簽詩。聰明人只知順著劇情看戲，依著劇詞看劇本，絕不作它想。若有人不服此說，偏要自作聰明，向雞蛋裏揀骨頭，那麼他定是個專愛自尋煩惱的大傻瓜。」

其九云：「時間是作品的最嚴酷的試驗。許多曾經轟動一時的戲劇現在都被人們遺忘了。在時間的試驗中，一切宣傳，標榜，捧場和機智，都成為無用之物，只剩下劇本自身的真價值。」

〈獨白〉之發表，既是迫於那艱難時世，也是表明自己的戲劇觀，或許也是姚克對當時和後來某些人對他的懷疑和誣衊的回答吧。

太平洋戰爭爆發後，淪陷了的上海形勢更為黑暗，劇社的生存更為困難。姚克便發揮以靈活的方式組團演出的優勢，力爭演出進步劇目，為抗戰劇運作出了貢獻。

鑒於當時的政治環境，表演古裝戲較能迷惑敵人，所以這一時期姚克主要創作歷史劇，如在一九四二年他編導的歷史話劇《楚霸王》，以天馬公司的名義在蘭心劇場演出。他一改京劇中以淨行或勾臉的武生扮項羽的形象，根據歷史記載，突出項羽英俊年少的風貌，楚霸王不僅是淨扮，還戴著紫金冠，由舒適、張伐輪飾；慕容婉兒和黃宗英則分飾虞姬，黃宗江飾范增，別開生面。同年夏，還為華藝劇團編《鴛鴦劍》，寫一墮民與富家女的戀愛，由胡導導演，黃宗江、黃宗英兄妹主演。

在此以前，上海劇藝社也因環境之險惡而難以發展，黃佐臨、吳仞之等十二人離開劇藝社，他們認為在當時要發展戲劇，業餘形式已不行，必須職業化，於是組織上海職業劇團，姚克與他們會合。該團由黃佐臨任編導主任、吳仞之為演出主任，孫浩然負責技術設計，姚克是總幹事，但他慣於放手，由總幹事秘書胡辛安管理。劇團的資本則是明星公司的股東周劍雲拉來的。這是一個同人組織，目的一致，即要在異常複雜艱苦的環境中闖出戲劇發展的道路。當時孫浩然的妹妹孫竦也入團搞美術，善漫畫。她戲畫了一幅唐僧取經圖：形似唐僧的是經常閉口不語的黃佐臨，孫猴子神似精瘦苦幹的吳仞之，沙和尚恰如前額脫髮，後腦也一度剃光的姚克，豬八戒活像那兩耳肥垂的周劍雲。這一幅取經圖深刻地印在大家的心中。劇團於一九四一年十月在卡爾登劇場亮相，首演劇目是曹禺編劇、佐臨導演的《蛻變》，連演一月，場場爆滿，台上台下愛國口號相互呼應，群情激憤。結果租界工部局發出了禁演令。劇團緊接推出田漢改編的《阿Q正傳》和袁俊編的《邊城故事》。後在日寇佔領租界的那一天，劇團即宣告解散。直到一九四二年，部分經常聯繫的「上職」成員，決定以「苦幹」這一名稱重組劇團，起初和費穆領導的上海藝術劇團合作，演出於卡爾登劇場。一九四三年才正式以「苦幹劇團」的名義，在巴黎大戲院演出。一九四五年改在辣斐大戲院上演，直到抗戰結束前夕，敵偽向話劇界發動全面襲擊，才暫停公演。在長達四年的艱苦奮鬥中，苦幹劇團上演多幕劇二十二個，獨幕劇五個，其中大量是根據世界名著改編的，如《荒島英雄》、《大馬戲團》、《舞臺豔后》、《亂世英雄》、《夜店》、《雙喜臨門》等等。苦幹劇團的演出深受觀眾歡迎，也鍛煉了一大批演職員，如石揮、張伐、丹尼、黃宗英、韓非等，都在這一時期形成自己的藝術特色。

吳雯母女訪吳仞之（筆者陪同）

姚湘訪黃佐臨、孫浩然於上海華東醫院
（中：黃佐臨、右：孫浩然）

姚克在「苦幹」時期，除根據英國名喜劇Dover Road改編的《雙喜臨門》外，還編寫歷史劇《美人計》，其內容與京劇的《龍鳳呈祥》和《祭江》不盡相同，是以孫權的妹妹孫尚香為主線，寫她悲劇的一生。該劇由陳西禾導演，沈敏飾孫尚香。

除上述劇目外，姚克還編寫演出了《蝴蝶夢》、《西施》、《秦始皇》、《銀海滄桑》等劇本，出版了戲劇理論著作《怎樣演出戲劇》等。

梅蘭芳演出的《貞娥刺虎》之一

抗戰勝利之初，他受英商委託，擔任蘭心劇場經理，首演的劇目就是他編劇、胡辛安導演的《熱血五十年》，乃慶祝臺灣回歸祖國。後又為慶祝抗戰勝利組織演出，在抗戰時期蓄鬚明志的梅蘭芳剃鬚後登臺演出《貞娥刺虎》，即在他主持的蘭心劇場。

縱觀姚克四十年代的戲劇活動，他既是富有才華的編劇、導演，又是靈活的組織者，還是傑出的戲劇教育家和評論家，為推動我國的戲劇事業作出了不可磨滅的功績。但由於長期來不重視總

梅蘭芳演出的《貞娥刺虎》之二

結淪陷地區的文化藝術活動，甚至有時還要加之以莫須有的罪名，傷害了無數默默苦幹的同志，影響了資料的挖掘和整理。這裏所談的姚克戲劇活動，也只是一鱗半甲而已。

抗日戰爭勝利後的第二年，姚克和第二位夫人，著名演員上官雲珠登報聲明離婚。一九四七年他和出身於南通紡織業世家的吳雯（英文名Dorothy）結婚。次年曾因美國二十世紀福斯公司欲拍攝有關中國的記錄片，他偕夫人去臺灣接洽，後返滬稍作逗留，即決定前往香港。姚克曾努力通讀英文《資本論》，卻在中國共產黨取得全國性勝利的前夕要離開大陸，他的好友對此很不理解，他也只是黯然相告：「恐怕他們不會歡迎我的。」何出此言？抑或姚克多疑乎？

海外遊子，著書立說

一九四八年姚克到香港後，應永華影業公司之約，將《清宮怨》改編為電影劇本《清宮秘史》，由朱石麟導演，舒適、周璇主演，深受全國廣大觀眾歡迎。其時，他的主要工作是任教於香港中文大學、新亞書院和聯合書院；對政治則保持距離，乃至與去了臺灣的好友郝志翔也斷了音訊。一九六六年文化大革命時，「四人幫」的小頭目戚本禹撰文批判他的《清宮秘史》為「賣國主義」，香港也鬧起「左」的風潮，一九六八年他只得避走美國，前往檀香山的夏威夷大學，

《清宮秘史》開拍前合影（第二排右起坐者：周璇、舒適；三排右起立者：朱石麟）

執教「現代中國文學」和「中國哲學史」。

不久，他把妻子和五個分散在各地上學的孩子都接到檀香山，所以斯諾在一九六九年的信中說他作了一次「奇妙的調整」。這「奇妙」還在於他遷居的房子，後院是一個東方式的庭園，帶有魚池；前院種植了芒果樹，姚克最喜歡跟他的幼女追逐著來摘那些落在柔軟的青草地上的芒果，十分開心。

晚年姚克夫婦在美國

在此介紹一下姚克夫婦在教育子女思想上的不同意見，也將有助於人們理解斯諾給姚克父女兩封信中的某些內容。

姚克十分疼愛他的孩子，但他相信孩子們有他遺傳的優點，不論是哪種教育訓練，都能使他們成為優秀者。而他的夫人則經常引用中國的格言：「玉不琢不成器，子不教父之過」，強調對一個兒童來說，最先要考慮有一個堅實的基礎教育。她要求以自己的方法來教育幼女姚湘。一九六六年斯諾途經香港時曾見過姚湘，十分疼愛她。斯諾相

信瑞士學校的高質量是哪兒都不能相比的，他希望姚湘去瑞士學習，跟他全家一起生活。儘管斯諾的友誼和提出的學校條件是吸引人的，但姚克夫婦捨不得與愛女分開。他們遷居夏威夷後，吳雯便給女兒報考全美最好的十所大學預科學校之一的普納呼學校（Punahou）。儘管這所私立學校的學費驚人的昂貴，要求嚴格，十分難進，但姚夫人寧可犧牲自己的生活享受，也要使女兒獲得發展完善的智慧。斯諾得悉姚夫人的決定後，只能說：「從社交立場對希爾達也許是一良好選擇。」姚湘也未辜負她母親的希望，在該校獲得提前升學的榮譽，十五歲上大學，十九歲獲碩士學位。姚克因此也欣然地向他夫人祝賀：「你勝利了！」

Dear Hilda –
When I was young and twenty
I heard a wise man say
Give pounds and pence
But not your heart – away.
Now I am two and twenty
And oh! 'tis true, true!
But not for you, for you!
I'll tell you the rest when you come
to Switzerland! – Affectionately,
Uncle Ed

斯諾致希爾達（姚湘）信

斯諾在給少年姚湘的信中，引用了英國詩人豪斯曼的詩而略作修改，寫道：

當我年方二十春，
聽一位哲人談論：
送人金鎊和便士，

卻莫丟掉你的心。
而今我二十二歲，
哦，此言確確真真。

這幾行摘引的詩句，似乎表達了斯諾對姚湘所受教育的前途的預測，也強調了「卻莫丟掉你的心」這一主旨。斯諾以這首詩贈給姚湘作座右銘，卻又在信中強調「此語非為你而發」， 此乃相信他所喜歡的小女孩不會因富裕而喪失美好的心靈。姚湘在一九九三年三月十九日給筆者的信中回憶斯諾在與她分別時曾送她一個鴛鴦匣，以示不可分離。她說：「埃德叔叔對待我如自己的孩子，因此我能瞭解當他明白我不能隨他去瑞士時，給他的是一種怎麼樣的失望。」幾年後，斯諾的遺孀洛伊絲·惠勒·斯諾和女兒西安在美國又探望了姚克夫婦，也見到了姚湘，還談及斯諾對姚湘的喜愛之情。

總之，在夏威夷的姚克，過著全家團聚的安詳生活。一九七〇年他在授課之餘，翻譯了美國著名劇作家亞瑟米勒的一部曾震撼了美國戲劇界的劇本《推銷員之死》。在「譯序」中他充滿愛意地感謝內子吳雯和長女蘭，幼子森，他們在炎暑逼人的夏天，幫他將劇本的草稿全部謄清。這部譯稿可以說是該劇的第一個中文本。姚克在「譯序」中敘述了對劇名翻譯的推敲，最後以直譯法，體現原作者的意思：「有意要用拙樸鄙俚的字面，這樣才能與劇本的內容契合無間。」翻譯劇中的對話，則本著他自己的一貫追求：既要明白易曉，又要在舞臺上容易上口，也就是要用日常生活中的口語。況且原劇用的就是紐約中層社會的日常口語，俚俗且多土話。因此他決定用北京話翻譯對話，以便將原文的語氣和生動活潑的口語傳達出來。後來中國大陸演出該劇時。採用的就是這個劇名。

一九七六年，姚克一度回到香港，擔任麗的電視戲劇顧問及麗的電視編劇訓練班導師。一九八〇年三月大陸中組部為姚克平反，公正評價姚克的文章也在報刊上相繼出現，同年北京人民文學出版社重印了《清宮怨》。可惜姚克因退休後絕少和外界來往，竟一直未見到親友向他報告的消息。

退休後的姚克，潛心於李長吉（賀）詩的研究，十餘年來，自覺把長吉難解的詩謎通解了百分之九十九。一九九一年他偶然看到大陸親人寄來的明信片，便動情地回信道：「（我）因《清宮》一劇，惹了無妄之災，避禍海外，甚至慈親逝世之時不能親視含殮…！但不知當局如今是否可以讓我回來？」後又報告已辦好護照：「唯不知飛入尋常百姓家（美國號稱民主）之海燕，王謝堂上是否容其重還故巢也。」當他的弟弟志曾再次函告他已獲平反的消息後，他情緒高度激動和興奮，迅即回信表示，擬在一九九二年春返回大陸，在蘇州居住幾個月，從事寫作和出版他的著作。不料當年年底，患流行性感冒，醫治無效，突然謝世。他的親人遵照他的遺囑，將他安葬在一座圍繞碧樹的丘阜上，墓址面向西方，在落日的光環中俯瞰重洋彼岸的祖國。

值得他欣慰的是，他的夫人和女兒兩度返回故國，解除了她們心中的疑懼。更可慶幸的是，那位已在美國為華人爭得榮譽，而且成了金融家的姚湘，仍未忘掉埃德叔叔對她的一片深情厚意，她的心跟她父親一樣，依然心繫中華。她再三表示，以後爭取每年回國一次，為發展故國的經濟文化事業做出應有的貢獻。

寫到這裏，禁不住想起姚湘在九二老人吳仞之耳邊輕輕歌唱《劉三姐》插曲的情景，沒想到這位說不上三句中國話的美籍華人，竟把中國民歌唱得字正腔圓，鄉味十足。聽說她還跟著錄音帶學會了越劇《梁祝》，她自豪地說：這是父親的遺傳。她和母親還在冰心老人面前許了願，努力學習中文，明年回國講漢語。願這位曾學過戲劇的金融家，也能像她所敬愛的父親和埃德叔叔那樣，為溝通東西方文化作出優異的成績。

寫於一九九三年五月十三日

EDGAR SNOW [illegible] VAUD SWITZERLAND

11 Mafroi, 1260 Nyon

26 September 1969

Dear Hsin-nung:

I was fascinated with your letter of July 3rd, especially with the news about your reunion with Ho Chih-hsing after all these years. Now before I have had a chance to answer that I am indebted to you for another letter, full of news, dated September 15th.

My Japanese agent has written to me that a publisher in Tokyo would like to reprint "Living China" in the English language. As we know, there is a demand for this book for use in courses in Chinese literature and language in the United States. I have had many requests for copies of this book from Chinese as well as Americans. If the Japanese go ahead with this plan they would probably distribute the book through Tuttle, who has good facilities for the educational market in the United States.

Would you consider writing a short preface for the book? You know far better than I how to place it in relation to Chinese contemporary literature as a whole, and you could tell something about our meetings with Lu-hsun and how the book came about.

"Living China" never sold enough even to pay the very modest advance made for it, but it might be better this time, especially with your introduction. I would ask the publishers to pay you a fee, but it would be nothing adequate to the time you may have to devote to it. Please think it over and let me know whether the idea appeals to you.

I was pleased to hear that you and Dorothy were united with all your children and to know what a marvellous adjustment you have made in Honolulu. Dorothy's choice of Punahou is probably a good one for Hilda from the social standpoint. I am sorry that she won't be coming here to live with us as I suggested, but perhaps you will all fly in together one day.

Aloha to all of you,

P.S. I did not have time when I was home last spring to go through all my files, but I think it unlikely that I have any of the photos of Lu-Hsun and yourself that you want. It does seem possible that Nym Wales might have my files for Living China. I also seem to remember having an autographed photo of Lu-Hsun, but where it is now I have no idea. I wrote to the publishers several months ago and asked them if they had retained it in the file on the book, including some of the manuscripts that were not published. That was the John Day Company, of which Dick Walsh is now President. He told me that they had searched their archives and could find nothing.

斯諾致姚莘農函

附錄：斯諾致姚克書簡

親愛的莘農：

七月三日來信令我興奮，尤其是關於你與郝志翔過了這些年又重聚的消息。前此我曾有機會回你另一充滿消息的信，說出我的感荷；九月十五日發出的。

我的日本經紀人寫信告訴我，東京有一出版商。願重新印行英文的《活的中國》。如我們所知，對這本書是有需求的，在美國用於中國文學和語言課程。跟美國人一樣，中國人也多有問我要這本書的。如果這個日本人按照這一計畫進行，他們可能通過塔特爾（Tuttle）去銷售，他在美國教育市場有多個經銷處。

你能考慮為這本書寫一篇短序嗎？你遠比我更明白如何將它置於整個中國當代文學的關係上，也可以談點我們會見魯迅的事，以及這書如何產生的。

《活的中國》從未賣得足以抵償對它的有限的投資，但這一次可能比較好，特別是有了你的介紹。我將要求出版人付你一筆報酬，但那算不了什麼的，不足以補償你可能花費的時間。請你考慮一下，並且讓我知道這意思是否打動你。

我很高興地聽到你和桃樂西（Dorothy）跟你們所有的孩子團聚，而且得悉你在檀香山做了一番多麼巧妙的調整。桃樂西之選擇普納呼（Punahou），從社交立場對希爾達（Hilda）也許是一良好選擇。她不來這裏和我們住在一起，如我提議的，使我難過，但也許有一天你們會全都飛來的。

祝你們都好

愛德格·斯諾

一九六九年九月二十六日　瑞士

又及：

去年春天我在家時，未曾來得及清理我的所有的檔，但我覺得好像沒有一張你所要的你和魯迅的照片。看來也許在尼姆·威爾斯（Nym Wales）那裏可能有我的關於《活的中國》的檔。我還似乎記得有一幅魯迅簽名的照片，但是現在我想不出它在哪里。幾個月前我寫信給出版人詢問，或許他們將那照片存在關於這書的檔夾裏，包括一些未出版的稿件。那是約翰·戴公司（John Day Company），現在的董事長是迪克·沃爾什（Dick Walsh）。他告訴我，他們已檢索檔案，但未尋到什麼。

第五章

都市漂泊作家徐訏

二〇〇三年看到香港嶺南大學人文科學研究中心出版的《念人憶事——徐訏佚文選》（廖文傑、王璞編選），收作者憶念劉半農、楊丙辰、章太炎、丁文淵、余又蓀、伍叔儻、張君勱、汪敬熙、陸小曼、老舍、張道藩、姚雪垠、胡適之、林語堂、唐君毅、盛澄華等二十位文化名人的文章。這些都是我早就想讀但因未收集而未得的文章。讀後感慨頗多，正如編者之一王璞在〈說真話的代價〉（代序）中介紹的：這些念人憶事的文字與一般的類似文字很不相同，寫出了「這些人物一向在我們眼中形象的不和諧音，甚至那些專為悼念寫的文章，……不僅提到了死者的光輝之處，也提到不那麼光輝之處，這好像有違中國『為死者諱』的傳統」，正因為這樣，這些「泥沙俱下的文字」，牽扯出不少文壇糾葛，引起左右兩方的「圍剿」和不滿。

恰好在同年底，上海文化出版社也出版

了徐訏的女兒葛原寫的《殘月孤星——我和我的父親徐訏》，這雖然是一本著重寫父女間生離死別最後十七天前後的慘劇，卻反映了徐訏及其家庭的不幸，特別是近半個世紀來他在上海和港臺不同意識形態下同樣難以自由生存的遭遇。我曾粗略讀過一九六六～一九七〇年臺北正中書局出版的十五卷《徐訏全集》，也看到一九八〇年作者過世後臺北爾雅出版社出版的《徐訏二三事》和一九八一年香港浸會學院、中國語文學會出版的《徐訏紀念文集》，今年是徐訏的本命年，他生於九十六年前的猴年，我不禁要談談這位都市漂泊作家獨特的被世人忽視的思想和創作。

徐訏（1908～1980）

《殘月孤星》

魯迅的墨寶與徐訏

最初吸引我思考徐訏，是他寫於一九六八年二月二十九日的〈魯迅先生的墨寶和良言〉（載同年香港《筆端》半月刊第六期，下文簡稱〈良言〉）。該文非常能體現徐訏獨特的思想，以及一位自由主義思想者之所以害怕、厭惡獨斷專橫意識形態的原因。

該文發表之時，正是中國大陸陷於文化大革命大劫難中。作者寫該文的原因，如文章開首所言：「偶在坊間看到一本影印的《魯迅詩稿》」，發現附錄中有兩幅是一九三五年魯迅應他之請而錄的前人詩文。一幅是立軸，錄宋末名士鄭思肖（字憶翁，號所南，別號三外野人、一是居士）《錦錢餘笑》詩集中語：「昔者所讀書，皆已束高閣。只有自是經，今亦俱忘卻。時乎歌一拍，不知是誰作，慎勿錯聽之，也且用不著。」另一幅是橫條，錄唐詩人李賀（字長吉）句：「金家香弄千輪鳴，楊雄秋室無俗聲。」可是這本六十年代由上海魯迅紀念館編輯，上海人民美術出版社出版的《魯迅詩稿》，在複製魯

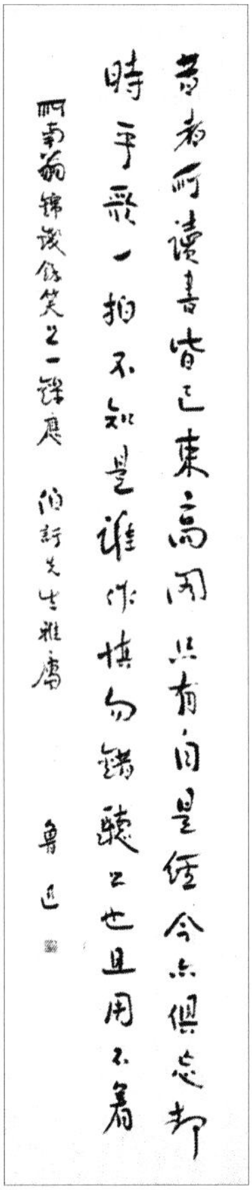

魯迅贈條幅之一

魯迅贈條幅之二

迅這兩幅字時，竟把上款所寫的贈與者「伯訏」先生刪切了，這不由使徐訏猜想這兩幅墨寶是怎樣「飛到魯迅紀念館」的：「我不知道這是我家人破落後賣出去，還是回應徵求魯迅墨寶而獻出的，或因家遭搜劫，因而沒收了。」乃至不無諷刺地聯想：「幸虧魯迅先生死了，不然的話，贈送兩幅字給我，該也有被清算與要求『交代』之可能罷？」

徐訏先生的猜測與憤慨不是沒有道理的。在那個動輒無限上綱上線，扣人以嚇人罪名的年代裏，徐訏因一九五〇年流亡香港，早已在內地被判為「反動文人」；他那留在上海的妻子葛福燦，儘管早在一九五四年無奈地與他離婚，儘管她憑著自己的良善和勤奮，贏得優秀教師的稱號，深受學生和家長的信任，但在每次運動中她依然受到莫名的懷疑；連她那出生五十三天便離開了父親，改為母姓的女兒，也從小就背負起「反動父親」這一沉重的十字架，備受歧視，失去了一生的幸福。在史無前例的文化大革命中，這一對母女更是因徐訏而遭多次抄家，被洗劫一空，包括所有的徐訏文稿，上千張照片及沙文海等友人贈送的書畫。所以徐訏對魯迅活著的命運的猜測，仍可謂在可怕的「情理之中」。

不過，那兩幅魯迅墨寶何以影入《魯迅詩稿》，倒並非因家人賣出、獻出，也非遭劫沒收，而是另有一番經歷。原來早在文化大革命前，葛福燦因一位學生家長藉口上海文化局長要借看這兩幅魯迅墨寶，只得借出；不料遲遲不歸，直至索還時，才知已出版的《魯迅詩稿》中印入了這兩件刪切了上款的條幅。到一九六六年抄家時，葛福燦眼看這兩幅墨寶也在被抄之列，不禁急中生智，抖擻著手指下款說：「這是魯迅寫的字。」抄家的紅衛兵小將一時沒了主意，只得暫且留下。當時葛福燦已自身難保，又豈能長久保全這兩件紀念著魯迅與徐訏友誼的文物？她只得向上級領導提出：將此墨寶捐獻給國家。一九七〇年由上海魯迅紀念館派人從她家中取走。幸有此舉，這兩件文物才得以安然無恙。而她家其他被抄走的財物，全都一去不復返，毫無音訊。在撥亂反正後的一九八〇年，上海魯迅紀念館應徐訏的要求，將這兩件墨寶的影本，託去香港探親的徐訏女兒葛原捎給徐訏。一九九六年十月該館又向葛原頒發了贈送證書。未想這兩幅小小墨寶的經歷，亦滲透了我國文化大革命前後的人情世態。

諸如此類未經所有者同意逕自採用、刪切異己者的名字乃至頭像等等低劣、野蠻的手法，在那個時代已是司空見慣，見怪不怪的現象。這些不僅對當事人造成不小的傷害，也對中共自身的聲譽有極大的損失，無怪乎徐訏要貶斥「中共的小器」，並以此對照魯迅「對人的慷慨與沒有架子」。

自由主義者徐訏

作為一個自由主義者，徐訏對魯迅有著自己的認識，回憶也多平實之語。他和現代中國文壇兩大巨人魯迅、林語堂都有接觸。據他回憶，儘管魯迅與林語堂的政治、文學見解有所不同，但他們的相處和交談，卻多坦誠、風趣、幽默，「實在沒有什麼『敵』『我』分明」。即使對當時在林語堂主編的《人間世》雜誌當編輯的徐訏，魯迅雖然曾在一九三四年八月十三日致曹聚仁把他說成是「林門的顏

曾」，但對這位年僅二十六、七歲的年輕人，也毫不擺架子，有問必答。魯迅自己雖未應徐訏之約為《人間世》撰文，但推薦了別人的稿件；還在一九三五年三月二十二日應徐訏之請，書贈了上述兩件條幅。徐訏不僅對魯迅的慷慨大度有切身的感受，而且也曾耳聞許多魯迅解囊幫助青年作家而不求別人知道的事實，他因此很不同意蘇雪林在臺灣刊物《傳記文學》上對魯迅的苛評，認為「刻薄陰損，似有太過」，感歎「許多過分刻薄的批評可以使任何善舉都成為醜惡」。

徐訏與林語堂

確實，在中國這個愛講「中庸」卻又處處很不中庸的國度裏，「黨同伐異」竟是最常見的現象，性格孤傲的徐訏倒是中國難得的一個始終持有自由主義觀點的人士。他早年作為一個提倡「閒適」的《人間世》雜誌編輯，仍希望有不同意見和文風的作品同刊發表，包括匕首長矛式的魯迅文字。即使在他已明確自己反共產主義立場後的五十年代，他仍執著民主自由的道德觀念，不肯輕易陷入「黨同伐異」的井內。如一九五七年香港亞洲書局出版他以「東方既白」筆名寫的著名論著《回到個人主義與自由主義》（後臺灣文星書局再版時改名為《個人的覺醒與民主自由》），他在序言〈道德要求與道德標準〉中，強調指出，當時港臺的反共集團中「有一個政治的效用想法，説現在反共的當兒，只要這個人是反共的，不管他過去如何，我們應當吸收和容納。這句話不能説錯，但有一點必須注意，即是這個人在思想上必已有基本的覺悟，而在行為上從現在開始必須是足以代表民主自由的道德觀念的。所謂民主自由的道德觀念，原則上當是自尊尊人，尊重憲法的精神。倘若他只是因為共產黨所不容而想多貪污一些，或者他具有法西斯的態度，不過想搶共產黨的政權來同樣的奴役人民，那麼這是沒有意義的。因為前者，除了腐蝕民主自由的陣營外，絕無什麼益處；後者，即使反共成功了，除了多流一些人民的血液外，換來的還不是一樣的極權政治。」

對中國的思想界，他也有自己獨立的看法。他評中國現代反馬列主義者如梁漱溟、胡適之、馮友蘭的思想，認為「都是太偏重功利」，沒有一般性原則上促人覺悟之點，不能領導中國思想界。如他認為胡適的思想「作為民主政治下最好的輿論是有餘，作為領導中國思想界就不足了，他的《獨立評論》之遠不及《新青年》之有影響也就在此。」他更是反對抗戰時期馮友蘭從理

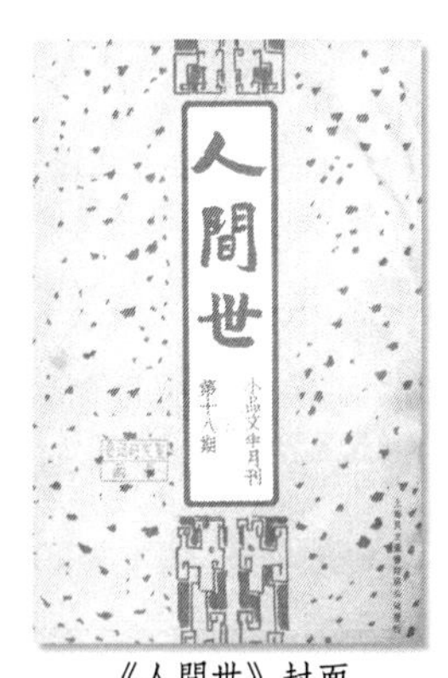

《人間世》封面

學闡發的新理學《貞元三書》，指出這「完全是狹小書房裏的一種產物」，「他的書滿足一些帶頭巾氣的人，想以儒家興中國的一群五十歲以上的書生的欲望。當時鑒於共產主義學說的盛行，當局也想借重這一套思想以充三民主義哲學上的闕如，所以也捧了他一陣。」

徐訏早從自己的生活經歷中體驗了傳統儒家思想及其制度的僵化和崩潰，所以他對所謂的「新儒學」持有不同意見。直至七十年代，他對港臺一股反對新文化運動，主張復古，提倡新儒學的潮流，仍敢獨持反對意見。如一九七八年四月中旬他在臺北《聯合副刊》發表〈憶唐君毅先生與他的文化運動〉一文，除了悼念當年元月在香港病逝的學者唐君毅外，也對其生前否定五四運動在文化上的意義及其對傳統文化的看法，提出了不同的論點。該文在台港頗激起一陣波濤，香港《明報月刊》連篇累牘地發表抨擊徐訏的文章，使他幾乎處在被圍攻的地位。他的答辯文章竟不能在該刊發表，後只能投於香港《快報》，在當年六月六日發表〈「評徐」與「悼唐」——一封給徐東濱的公開信，兼陳李祖法、錢賓四、吳士選三位先生〉，其中強調「君毅在反省中國文化思想出路工作的努力與貢獻，我自然敬佩，而且非常敬佩，但是在整個文化工作總流中他也僅是渺小的一環。至於他在思想上的表現，也只是中國思想界許多派別中之一派，我對他的敬佩是一件事，我自然仍可對他有不同的主張。」徐訏後來與採訪者談及此事時再次指出：唐先生將白話文運動看作不必要的運動，忽視了五四運動在文化與文學上的影響，這是他所不能贊同的。徐訏強調自己是民主主義者，思想上主張百家爭鳴，對於把某種思想定於一尊的主張，在他看來，在本質上是有些偏狹、專橫的。（見桂文亞〈徐訏來台小住〉，載臺北《聯合副刊》一九七八年七月三十日）。所以，他既反對中國共產黨所謂的「民主集中制」，也反對國民黨在臺灣實行的專制獨裁。一九六〇年臺灣發生《自由中國》被封事件，該刊主編，徐訏的好朋友雷震被捕，另一好友聶華苓也成了「問題」人物。正在他們處境危險，不少人避之不及的時候，第一個給聶華苓寫信的是徐訏，他關切地寫道：「華苓：非常擔心你的安全，速來信！」（見聶華苓〈想起徐訏〉，一九八五年《明報月刊》第六期）徐訏不願和任何獨裁者合作，因此他選擇自我流放於香港，因此他被大陸和臺灣當局都視為異類。又由於他很難與當時港臺的主流思想合流，所以他充滿了孤寂的感覺。

逃避鬥爭的徐訏

生活在一個偏狹、專橫社會中的民主主義者，肯定是不得安生的，矛盾和痛苦將伴隨他的一生。現代中國文學家魯迅、胡適、林語堂及徐訏，無不如此。他們的痛苦不僅來自專橫統治者的壓迫，還出於他們之間不斷的論爭，及本人思想面對現實的嬗變。徐訏也曾有一段刻骨的心靈變化過程。

徐訏一九二七～一九三一年就讀北京大學哲學系時，曾對馬克思主義哲學產生了興趣，思想一度傾向於社會主義和共產主義。誠如他在〈良言〉一文中所說：「我年輕時也相信過階級革命一套的理論」，不過他也常常處在懷疑之中。一九三六年間，他在巴黎大學研究哲學和心理學時，讀到一本關於史達林殘酷清算托洛茨基的書，

據《鬼戀》改編的電影《人約黃昏》海報
（陳逸飛執導，梁家輝主演）

不由對共產主義提出了質疑，失去了原來的信仰。但他依然同情革命者。其間他以自己的小說隱隱地表達了他對被殺害的革命者的哀悼。他的成名作中篇小說《鬼戀》，敘述的就是「左聯五烈士」被殺害的所在地──龍華發生的一段「人鬼戀」的神秘故事。他在該篇的〈序詩〉中有這樣的詩句：「那紅花綠葉雖早化作了泥塵，但墳墓裏終長留著青春的痕跡，它會在黃土裏放射生的消息。」他所描寫的美麗的女鬼原是一個積極的革命者，在經歷了愛人被捕，同志出賣後消沉下來，但她不想死，而是要扮演鬼冷觀這人世的變化。小說以浪漫主義的手法表現一個哲理 ：人的世界比鬼的世界更醜惡。同時也表達了他本人對革命的消極看法。

不過，他對國事仍十分關心，仍是以寫作來反映人生和理想。一九三七年中日戰爭爆發，他即籌辦回國。但到上海後，不意婚變，妻子離他而去。拖家帶口的徐訏只能在已成孤島的租界內埋頭於寫作，大都是寫浪漫的故事，如《吉布賽的誘惑》、《精神病患者的悲歌》等，其中也有反映一個大家庭在抗戰中逃難到上海後人性變化的《一家》。不論是浪漫的還是寫實的，作者著意於刻畫人類內心善與惡的掙扎。一九四一年太平洋戰爭爆發後，日軍侵佔上海租界，徐訏無奈棄家逃往大後方。一九四三年初，他創作於重慶的長篇小說《風蕭蕭》在陸晶清主編的《掃蕩報》副刊上連載，引起很大的轟動。小說是寫男主人公「徐」在上海租界內的經歷：他在無意中參與到中美兩方男女情報人員由相互猜疑到聯手對抗日本諜報員的工作中，他們的生活既有租界內的狂舞豪賭，也有著風蕭蕭兮壯士一去不復返的死別生離。原為獨身主義者的「徐」因此體悟真、善、美的友誼真諦：「世界是整個的，人類只有一個脈搏，我們只有一個心靈，多遠的距離我們還是在一起的。」小說在大後方引起轟動，這不僅因為他的主題是抗日的，還因為如徐訏自己所說的「在那時候，重慶出現的

《一家》書影

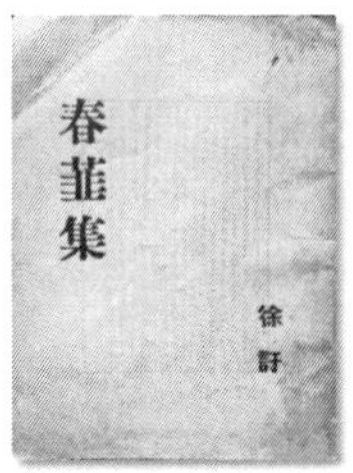

《春韮集》書影

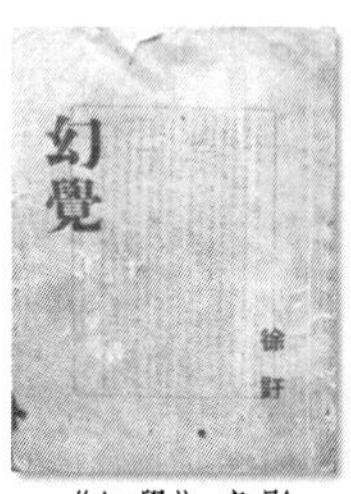

《幻覺》書影

《風蕭蕭》書影

大部分是宣傳性的，或是左傾的小說，沒有像這樣自由發揮的作品，也許這就是因而暢銷的原因。」儘管作者認為「這本書並沒有寫好，至少沒有我後來寫的東西好，也許是件偶然的事罷了。」但當時確實有人把一九四三年稱之為「徐訏年」。連不輕易嘉許人的著名女作家林徽音也在她的沙龍裏贊徐訏「是近年來中國青年作家中寫得最好的一個。」（見程靖宇〈關於林徽音對徐訏的批評〉，載一九五〇年六月十九日《星島晚報》）

不過，有一些評論家卻把徐訏稱為「黃色作家」，這顯然是一種極為幼稚的誤解。總觀徐訏的作品，確實大多是以男女情愛和婚姻為主題，但在作品中似乎沒有任何性愛行為的描寫。在他的浪漫型的作品中，表現的是超俗的高尚的人性，以反映人類性本善中的友愛、情愛；但在現實型的作品中卻無情地揭開了受金錢、權力、戰爭制約的情與愛，向人性惡的方向發生的種種變化。徐訏可謂是中國現代最熱衷於在作品中作哲學思考的作家，也是最善於以富有情、愛色彩的話語表達哲理思想的作家。讀他的作品，令人深思而不浮躁。然而，他生活的人間卻是一個浮躁的世界，人們有太多的生存問題需要去爭鬥，文藝評論家們也是以社會政治為第一標準去評價文藝作品，哪會顧及徐訏與眾不同的關於情愛的哲理思考？更有極「左」者，竟冠以「黃色」二字，令人心寒。所以當他從朋友處聽到中國共產黨領導下知識份子被改造的情形時，聯想到蘇聯對異己者的清算，他不寒而慄，決意離開結婚才一年多的第二任妻子，出生才五十三天的愛女，流亡香港。原本以為可接妻女到香港團聚，未料交通很快斷絕了。從此斷了聯繫。

慣於在都市裡生活的徐訏能否在香港這個被譽為「自由世界」的國際大都市裡安生呢？

孤獨寂寞的徐訏

香港著名作家，徐訏的好友劉以鬯在《五十年代香港小說》（一九九七年一月五日在第一屆香港文學研討會上的發言）中說：在五十年代，美國新聞處（簡稱美新處）想使大批香港作家為他們搖旗吶喊，尤其是在韓戰爆發後，企圖以香港為中心，在整個遠東地區形成「綠背文化」，他們成立的出版社如今日世界出版社、友聯出版社等，都以較其他報刊高的稿費引誘作者。「那時期從內地來到香港的知識份子，因人地兩疏，謀生不易，只好煮豆療饑。如張愛玲為美新處寫了兩部具有濃厚政治色彩的長篇小說《秧歌》和《赤地之戀》。」「另一位小說家徐訏，於一九五〇年從上海來到香港後，因生活不安定，曾對他的朋友張同表示，如果真要賣文為生，他可以大量生產，稿分三等，按等級收費。所以，他的《盲戀》雖無政治色彩，也交給《今日世界》發表。後來，他還為今日世界出版社編選《美國短篇小說新輯》。」

確實，徐訏初到香港時，寄住在一友人家中，毫無收入。在一個充分商業化的社會裏，哪有文藝作品的出路？誠如他後來在〈序皇甫光《無聲的鋼琴》〉中所說：投出的稿「十篇之中，六篇被退了回來，三篇就此遺失，只有一篇被登出來，而且那一篇總是因為我上面附注著『不計稿酬』的一篇。」以至他在一首名為〈書眉篇〉的散文詩中，把自己的寫作生活比喻為「行乞」：「向你們唱人間的悲歌，與葬在我心底的歌曲，求善男善女們一點捨施，謀在擁擠的英雄高僧間，得卑微的生命與呼吸。」（收一九五三年香港大公書局出版的詩集《輪回》）這一段頗為酸澀的心語，他特意製成影版，作為他不少作品的封面。這一時期寫的《太太》、《丈夫》、《筆名》、《鳥語》等，其主題仍承襲其習慣，透過都市人的病態心理表現虛妄的人生：或寫「太太」雖有永愛的情人，卻依舊與毫無趣味的丈夫過著相安無事的苦澀人生；或寫外貌醜陋，事業開拓的「丈夫」，可同時獲得庸俗太太、聰明女人及墮落女人愛的成功人生；或寫一對夫妻因相互束縛而痛苦，當丈夫死後，妻子才發現自己暗戀的作家，竟是自己所嫌棄的無藝術趣味的丈夫；或寫一個被世人視為白癡的女孩，充滿了對大自然的摯愛，乃屬於一個未染塵的世界。顯然，在當時意識形態極端對立的世界裏，尤其在這個被稱為「文化沙漠」的香港，要靠這些隱含哲理的平常故事來煮字療饑是勉為其難的。

為了獲得高稿酬，他就得給美新社所屬的出版社寫稿。即使這樣，他也是如劉以鬯先生所說：以無政治色彩的外表示眾。如《盲戀》寫相貌極醜陋的陸夢放在有錢的張家做家庭教師時，暗愛聰慧、美貌且富藝術天才的盲女微翠，兩個自卑的人由相憐至相愛，十分幸福。陸在她的幫助下，取得了很高的文學成就。張家的兒子也一直愛著微翠，他留學回國後，請醫生治好了微翠的眼睛。恢復光明的微翠再也無法愛醜陋的陸，又不忍拋棄，兩難之下，服安眠藥自殺。小說以細緻、生動的心理描寫，表現了生存的複雜狀態，使人生的選擇多有盲點。小說蘊有豐富的哲理，吸引著不同層面的讀者群。所以該篇雖無絲毫政治內容，卻也啟示人們對種種政治思想上的盲動和狂熱的思考，這大概也是頗有政治背景的《今日世界》接受它的原因吧。這是徐訏的聰明之處，也是由他本人的政治思想所決定的。他是反對共產主義的，但他又不願為黨派政治束縛。

即以他主編的刊物來說，他也力圖創辦一個「代表民主自由，不失知識份子尊嚴」的刊物。他曾辦創墾出版社，編輯過多種雜誌，如《熱風》、《幽默》、《筆端》、《七藝》等。但是這些純文藝的期刊，獲得的知音卻不多，往往出了幾期，便因經費不足而告終。有的卻因為堅持的時間頗長，便有了謠言。如他在一九五六年七月十六日出版的《熱風》第六十九期發表〈謠言時代中的《熱風》〉，憤言當時傳說他創辦的《熱風》，是因為他背後有大批津貼，有組織，忽而說他接受了臺灣的救濟，忽而說該刊有中共的統戰分子滲透。其來由皆因為作為創辦者的徐訏，主張登載不同立場的文章，這在那個各

六十年代的徐訏

徐訏和姚克在香港

與艾青在中國抗戰文學研討會上
（1980年6月）

有其主的文化界中，自然難有立錐之地。

崇尚自由民主卻深感孤寂的徐訏，常常在他最鍾愛的詩歌中表達他堅守個人靈魂及落寞的心緒。如寫於一九五三年的〈請〉，他歌道：

讓我請你尊敬每一個人的意見，
也請你尊敬每個詩人的想像，
還請你尊敬孩子對你的批評，
讓每個人有權發表自己的思想。

請你也尊敬鄰居的自由，
讓他說對什麼都沒有主張，
友誼不要侵犯人家的頭腦，
愛情也不要強改人家的信仰。

因此我不願你拉我跟你跑，
叫我跟著你話短說長，
叫我在報上寫同樣文章，
會場發表相仿的演講。

你說這是一個尖銳的時代，
一個家庭裏思想不該兩樣，
我說民主所以比獨裁偉大，
就因相愛的夫妻可有不同的思想。

另一首頗膾炙人口的抒情詩〈蒼蒼的暮色〉，其後三段更可謂一個獨立詩人對渺茫的人生宇宙的體驗，也是對流落天涯旅情的解悟：

萬川四海，層層的原野間，
都有人把路徑走錯，
唯我在廣闊的天庭中迷路，
對斑斕的星雲徒喚奈無。

但此去還有無數大路，
哪一條大路沒有燈火？
何獨留戀於蒼蒼的暮色，
對著黝暗的樹林蹉跎。

他還有不少直抒其思想歷程的詩篇。一九七九年他寫給大陸「文聯」、「作協」一些老朋友的長詩〈無題的問句〉，是最為集中、真切、明快的反思，恰如其詩末自吟：

我也許還是一個知識階級，
從小就愛問東問西，
眼看你們被打成牛鬼蛇神，
又看到你們雲翻風起，
我這愚笨的頭腦，
不免又浮起更多的問題。

你們不妨說我是荒謬的知識份子，
總是不想討人歡喜。
但請不要說我是反革命，
或者說是小資階級的劣根性，
我只是有一顆懷疑的頭腦，
同一顆真正愛國的癡心。

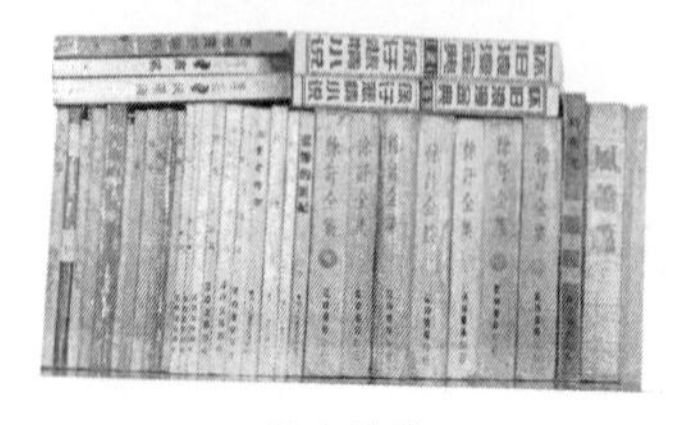

部分著作

被文學史家忽視的徐訏

香港文學史家司馬長風在《中國新文學史》中曾評徐訏說：「徐訏的作品以小說馳名。長篇《江湖行》尤為睥睨文壇，具野心之作。據筆者所知，他的詩作、散文、戲劇、文藝批評，都有著作問世。環顧中國文壇，像徐訏這樣十八般武藝，件件精通的全才，可以數得出來的僅有魯迅、郭沫若兩人。而魯迅只寫過中篇和短篇小說，從未有長篇問世，而詩作也極少。郭沫若也沒有長篇小說著作，他的作品，除了古代史研究不算，無論詩、小說、戲劇、批評，都無法與徐訏的作品相比，也許在量的方面不相上下，但在質的方面，則相去不可以道里計。」

此說確有其真知灼見之處。不過有的也屬仁者見仁，智者見智。如他的戲劇，雖不乏衝突和哲理，然很少被戲劇家搬上舞臺。倒是他的小說自四十年代以來，即有《鬼戀》、《吉布賽的誘惑》、《風蕭蕭》、《江湖行》、《窄門》等十多部作品被再而三地改編為電影或電視劇；他的詩作也有不少在港臺被譜曲歌唱，但這些作品對中國文壇和社會的影響卻很難與魯迅、郭沫若，乃至老舍、張愛玲的創作相比。因此，徐訏也就很難為文學史家們重視。且不說自五十年代徐訏去香港後，因政治原因，被大陸出版的文學史排斥於視野之外，即使是香港出版的李輝英編的《現代文學史》也只是輕輕帶過。以大力肯定張愛玲、沈從文而聞名的海外美籍華人夏志清曾在徐訏逝世後致函香港《純文學》雜誌編者說：「我因早在上海即讀了他的《鬼戀》、《吉布賽的誘惑》，不喜歡這種調調兒，故不考慮把他放進《中國現代文學史》內，連《風蕭蕭》都未看，對他可能是不解的。其實他晚年在港寫的短篇小說，應該算是不錯的。」（見《純文學》一九九八年第六期）。倒是改革開放後大陸的文學史家開始重視徐訏的創作，但也只是把他定位為「後浪漫主義」的代表來論述。

究其不重視的原因，一是中國的文壇和社會歷來重視現實主義的文學作品，而徐訏早期作品多為構建一個個美好的感情世界，營造一幅幅充滿浪漫、神秘的氛圍，乃至異國情調，其中滲透了對人生哲理和人物內心世界的探討和頓悟。這些與現代中國社會家庭分裂、動亂、戰爭場景很不一樣的色彩，顯然難以成為文壇主流而被公認。後期的作品則少了浪漫的情調，多了生活的沉重感，除了繼續描寫都市人的愛情、婚姻、生態和扭曲的人性外，更無法擺脱對祖國命運的思考。但他的思考和描寫又怎能在極端對立的意識形態世界中被公認。儘管他竭力在作品中避免黨派色彩，卻無能力消除自己生活思想的印記和經歷不足的局限。

即以司馬長風力舉的四部《江湖行》而論，這是徐訏在一九五六年至一九六一年間陸續出版的史詩性的長篇小説，他力圖「將近代中國的風貌與律動凝為某種長卷浮雕」。這部不到六十萬字的小説，以主人公野壯子從情場到江湖的經歷，描寫他與幾個女子的離奇遇合，反映了北伐戰爭後城市從繁華走向左傾學運，鄉間則有共產黨開展的階級鬥爭，乃至抗日初期全國上下的轟轟烈烈，到後期的消沉混亂。正如有的論者所説，這部小説仍為煮字療饑所困，未能以充分的情節和人物描寫，展示中國社會近半個世紀來的激烈的矛盾衝突，只是「走馬看花兼霧裏看花」，呈現了「現代中國」的基本輪廓。而歸根到底，還是因為受作者的經歷和思想所限。在五十年代末，徐訏尚不願把自己的小説創作流為政治小説，但他對中國共產主義發展進程的反思，及所處的反共的出版環境，又使他不由自主地去表現他某些並不熟悉的生活。這就使他只能大大發揮其擅長的各種愛情描寫，使這部展現中國社會歷史的長卷，仍只是以其特有的朦朧的浪漫愛情色彩立足文壇。

他的另一部長篇巨著，是一九六六年至一九七二年徐訏在臺灣《文藝》月刊和香港《展望》半月刊連載的長篇小説《陰森森的世紀》（一九七七年臺北黎明文化事業出版社出版全書時改名為《悲慘的世紀》）。誠如評者所説，這是一本名副其實的政治文學小説。小説寫於中國大陸開展文化大革命之時，作者耳聞故土人民遭蹂躪的種種情景，及中共內部種種自相殘殺的傳言，不由懷著強烈的憤慨創作了這部小說。作品以女主人公程秀紅的生活經歷為主線。程秀紅是一個孤兒，因其工程師丈夫的關係，由女工成為大學生。她目睹一個曾被黨批准的「進步」社團，因反對「黨性的人工生育計畫」，被判為反動組織，成員被關入「百花齊放宮」進行「政治思想改造」，一個個被迫害致死。她終於懷疑其信仰的價值，走上了自我毀滅的道路。作者企圖寫出中共統治下可笑的政治鬧劇及人們悲慘的命運。然而因為作者把情節置於一個他所設想的環境中，卻又採用寫實主義的手法，使這部旨在揭露、諷刺中共控制人們思想的小說，因其「反映現實政治」的情節過分怪誕，連深受文化大革命之害的大陸人讀了，也會有隔世之感。這部作品由於太政治化，即使在港臺和海外，影響也不大。

不過這僅是徐訏小說創作的一個方面，一九六六年至一九七〇年臺北正中書局就出版了《徐訏全集》十五大冊（尚有擬定的三冊未出版），彙集六十餘種著作，計有長篇、中篇、短篇小說三十篇，劇作七篇，詩歌七集，小品四集，散文四集，論著二冊。這些尚不包括他其後十年的著作，不論是數量，或是內涵品質，在整個中國文壇上都是少有的。綜觀徐訏的全部創作，他是一位極富天分、才學，且十分敏感的多產作家。他融中外文化於一身，既擅長浪漫抒情，又關心現實。可惜動盪的社會和極端對立的意識形態，使他的創作不可避免地受到侵害，人們不能悉心體會他那掩蓋在浪漫氣氛中對生命和愛的獨特思考，也難以讓文學史家準確地評價他在中國文壇的價值和地位。

這些，無不使這位性格內向，獨來獨往的自由主義作家倍感悲哀。

《母親的肖像》書影

皈依宗教的徐訏

為了使生活有保障，徐訏自一九五七年開始擔任教職，曾任香港珠海書院、新亞書院中文系講師、新加坡南洋大學教授，乃至香港浸會學院中文系主任、文學院院長等職。儘管他頗受學生歡迎，但誠如他一九七九年與友人談及退休打算時，慨然說：「寫文章、講學、教學生，是我們文人的本份。但作系主任，擔任教育行政工作，則非性份之所宜，而且感到困苦。因之，十年以來不能專心從事寫作。腦筋中，構有許多寫作的圖案，亦不能（而且無暇）展紙動筆。自計年齡已過七十，來日無多，而數十年來所作小說雜文，自己檢視，自覺還有許多泥沙雜下，須加沙汰整理。則此桑榆之餘景，必須珍惜，冀能完成這一願望。所憾者，時勢茫茫，無安定的居址耳！」（方龍驤〈傲骨嶙

《花神》書影

《風蕭蕭》出版五十周年紀念版

峋話徐訏〉收《徐訏紀念文集》）

一個有家有業的著名作家，何以出此傷心語？

原來他的婚姻家庭生活多坎坷。如前所言，他曾有二次婚變。一九五四年十二月二十三日徐訏與被隔離在大陸的第二任妻子葛福燦迫於嚴峻的政治形勢和雙方的生存需要，無奈離婚；幾乎在同時，十一月六日香港《新聞天地》也登載一則〈徐訏結婚〉的消息：「小説家徐訏，月前與創墾出版社一女職員秘密結婚，昨已返港。」這位徐訏創辦的出版社女職員，便是臺灣國民黨高級將領的女兒張選倩女士，他們重組了一個安定的家。徐訏很疼愛他在港誕生的女兒尹白。可是當他要退休時，他的妻女已移居海外。女兒要他去美國生活。儘管徐訏在國外有不少朋友，也經常去國外參加各種國際會議，但他總覺得自己生活的根，寫作的根在中國。由於在香港居久了，他感到厭煩，不能安心寫作，也感到沒有發表文章的地方。所以也曾想去臺灣，那裏有他和第一任妻子孕有的兒子尹秋，但需另找一個住的地方，可是他的退休金卻買不起一所房（見呼嘯〈悼念徐訏先生〉，收《徐訏二三事》）。這時，北京出現文藝界「早春天氣」，在牆壁報的言論忽然開放了不少的時節，他滿懷興奮地對方龍驤説：「議論自由的程度比臺北還寬。」當他與老友黃苗子重逢時，他説自己多麼想念故鄉寧波，想念三十多年前他回家鄉養病的恬靜生活；他想他寧波城裏的老屋，雖知早已被收為公有了，但他多麼希望將來收回作為棲老（見黃苗子〈悼徐訏〉，收《徐訏紀念文集》）。

從葛原寫的《殘月孤星》一書中，可見一九七六年三月十三日徐訏給這位分離了二十餘年的女兒寫的信，説：「（某）太太在香港告

抱在母親懷中的葛原與身旁的外婆

葛福燦攝於1950年在香港與丈夫相見時

訴我你的消息，非常高興。我離開祖國已經二十七年，想來你已經二十七歲，而我也已經老了。這些年來，東跑西跑，常常想念家裏人，特別是你祖母同三位姑媽，還有你姐姐……年紀大了，總常想到家裏的人，還有你媽媽現在情況如何？身體好麼？你有照相，寄我一張，同你媽媽在一起的也好……」同年四月二日又寄函說：「接到你的信，看你字跡秀淨，文字清通，甚感欣慰……如果你媽媽贊同，你也願意，申請出來到香港，做幾年事情好麼？你可以每月寄錢給你母親。」他在信中常提到自己迫於生活，不得已仍在教書；盼望早日退休，可以專心從事寫作，希望女兒能去港協助他整理資料，料理家務。可是女兒的申請卻遲遲得不到批准。他又轉求與大陸關係密切的《新晚報》總編輯羅孚幫忙。他強調「孩子生下來不久他就來了香港，幾十年不見，已經成人了。人老了，很想看看她長成了什麼樣子，也想盡盡為人父的責任，培養她成材。」（見羅孚〈徐訏的女兒和文章〉，

載一九九六年《香港筆會》第八期）

然而，當他的女兒被批准來港時，他的家庭卻發生了矛盾，不管他怎樣力爭，他發現自己無力作主讓女兒踏進家門。無奈之下，他聽從朋友的建議，為女兒找了一個他本人也不熟悉的男人作朋友，企圖讓女兒有個好的安定的生活。面對生活中的種種無奈，他頓生皈依宗教的念頭。

一九八〇年七月，徐訏去巴黎出席「中國抗戰文學會議」，因突然咳嗽加劇，提前回港。不久，他打電話給熟悉的天主教勞達一神甫說：「我想見見你，我決定進教。」八月他因病住進了香港律敦治肺病療養院。據勞達一神甫後來回憶說：「我到醫院去看他，他很歡迎我。我問：『你給我打電話的時候，知道自己有病嗎？』他說：『一點不知道。……請你這就給我講道理。我想知道怎麼去信仰，怎樣去祈祝禱。』」「我每次去，他只問我信仰的問題……他問了我許多，有一個總是：為什麼天主讓那麼許多中國鄉下

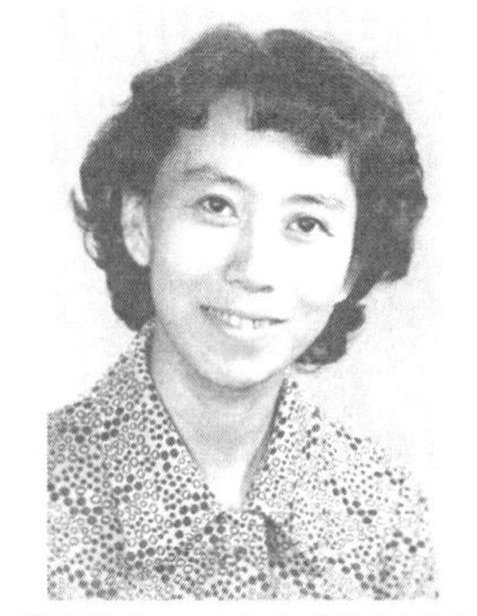

葛原攝於1980年去香港探父時

皈依天主教處（原律敦治肺病療養所）

人受罪？我覺得驚訝……一個都市人怎麼會替鄉下人焦急。我給了他幾本書，他家裏的人整天陪著他，給他念。他說：『我過去的生活都沒有用，現在才瞭解什麼樣是生，什麼是死。』」後來，「他不能寫了。我請求他的孩子：『你能不能讓他寫幾個字，表明他的心思。』那時候，他已經不能動筆，但腦子是清清楚楚的，他對他的孩子講了幾句話，他說：『過去我也曾自負，驕傲；後來才發現自己的脆弱和貧乏，認識過去的自負和驕傲都是虛假的，天主是全知全能的。我願將一切交給天主，因為我深信他一定會作最好的安排。』」（見勞達一神甫〈徐訏先生的最後心路歷程〉，收《徐訏紀念文集》）他在九月二十日洗禮為天主教徒；十月五日因肺癌病逝。

人們都很奇怪，早年在上海天主教聖方濟中學就讀的徐訏，曾因不滿洋修士的偽善，一學期後即轉學，為什麼晚年竟改變了信仰？難道他真的相信天主是全知全能的嗎？但不少研究者認為，他最後選擇的歸宿是他思想必然的走向。他的作品不僅塑造了許多佛門弟子的形象，《江湖行》、《鳥語》、《幻滅》中的主人公野壯子、芸芊和墨龍，最後均以覺悟出家為歸宿，而且在小說中時時透露出萬事「皆空」，佛法無邊，因果報應的佛理。同時出現在他作品中的是濃厚的道家思想，如他的長篇小說《時與光》，以主人公鄭乃頓與二位女子錯綜變幻的故事，象徵著人生的必然與偶然的變化，而形上的主宰者，則是這變幻的鑰匙，統轄著人間的時與光。佛、道二學既來自他深愛的中國文化傳統，也來自他自身的家庭教育。自小他因父母分居而備嚐家庭分裂的痛苦，母親的虔誠念佛，父親對老莊哲學和德意志康德哲學的傾心，無不在他的心靈上打下深深的烙印。他曾借墨龍的話說：「我從小愛藝術，愛好美，我追求美，但結果我反而墮入最醜惡的虛幻中。我不安於痛苦，但不能自拔，一直到我出家，我靈魂才平靜，安祥下來。」這似乎可以看作是徐訏一生充滿矛盾和痛苦的寫照。只是徐訏最後選擇的不是佛、道二教，而是西方的天主教，不亦恰恰體現了他美學追求的根蒂仍在西方嗎？

然而，皈依了宗教的徐訏是否獲得了靈魂的平靜和安祥？就在他入教的前一天，他的女兒葛原應他的召喚，來到香港，原以為在這個講求平等自由的社會中，能得到親情的關懷。然而，她迎來的卻是重病在床的老父慈愛卻又無助的眼光，面對的是親屬的冷漠和排斥，是輾轉於五個陌生人家的流離失所，是要求參加父親喪禮的抗爭，是蕭然離去後對父親的無盡思念。徐訏希望他的女兒離開強權統治，卻又讓她在金錢的世界中受盡屈辱，這恐怕也是徐訏始料未及的吧。

完稿於二〇〇四年二月十八日

第六章

自放域外的學問家徐梵澄

二〇〇〇年三月六日逝世的徐梵澄先生，是一位著名的精神哲學研究家、翻譯家，又是一位詩人和畫家。他早年曾是一位多產的雜文家，他與魯迅的結緣，更是文壇的一段佳話；中年自放域外鑽研精神哲學，經歷了一段極不平常的人生；晚年歸國帶回豐厚的學術成果，有人稱他是現代唐僧。他可謂是我國學界文壇的一位奇人。本文略述這位富有詩人氣質的學者在上一世紀的心路歷程和著作，以觀他的精神追求。

欣遇魯迅，聞道知高山

徐梵澄原名琥，譜名詩荃，字季海，筆名有馮珧、梵可、梵澄、閑齋、古明等，在現存的《魯迅日記》中約有三百處寫有徐詩荃（或徐思荃）這個名字，但由於他中年後一直以徐梵澄名聞世，所以本文也遵其意用梵澄名。

徐梵澄（1909～2000）

徐梵澄於一九〇九年十月二十六日生於湖南長沙。他自己曾說：「長沙東鄉徐氏為大族，世業農，族中多讀書人。」（見徐書鐘《石鼓文書法》·〈序〉）其父徐梓珊在長沙經營美豐綢布店，頗為興旺；也很重視文化教育事業，曾在鄉下開辦樂群小學、仁濟醫院、女子刺繡班等。他對四個兒子的教育很嚴格，在家中延名師啟蒙。梵澄先生在晚年還不由自豪地道及他的塾師乃近代大學者王闓運的弟子，宗師漢魏六朝古文。在嚴師的指導下，梵澄有了深博的舊學根基，並因家傳，對書畫篆刻頗感興趣。稍長大後，他被送入新式小學，師長中有當時思想激進的青年知識份子，如教他地理的，便是後來成為中華人民共和國開國主席的毛澤東。他考入的雅禮中學，則是長沙著名的教會學校，梵澄在這裏接受了較全面的新式教育，並獲得良好的英語訓練。據他的族人說他當時和三哥同班學習，成績總是優於哥哥，大概正是鑒於此，父親決定老大、老三跟隨自己經商，讓小兒子梵澄在學業上繼續深造（梵澄的二哥過繼給族人，後曾留學美國）。

當時在長沙某些世家的眼裏，首府北京的大學雖然有名，但學潮多，也有不少紈絝子弟，校風還不如上海的聖約翰大學和本地的教會學校。梵澄的父親好醫學，就要求孩子投考當地負有盛名的湘雅醫科大學。梵澄在這所教會學校學了一段時期，時值北伐戰爭高潮，梵澄也時時感到青春的勃動，一九二六年他憑著一股熱血，自作主張遠離家庭，前往當時的革命中心武漢，考入當年國民政府新建的武漢中山大學歷史系。父親對他很不滿，他便開始在武漢《中央日報》發表文章，藉以噴發情思，並謀自立。

但不久，國共合作的大革命就以國民黨清肅共產黨的大屠殺而宣告結束。正站在革命門檻邊的梵澄深感失望。在報上，他不能暢所欲言，在學校，面對的是沉悶的空氣，他不願再在這所名為革命的學校待下去了。這時，他看到了有光榮歷史的私立復旦大學的招生廣告和閃光的年鑒，便以為「那裏將有好的教師，那裏將有好的同伴，那裏有安定的生活，那裏有學術的研討，那裏有生命的燃燒，那裏有青春的活躍……」他斷然來到上海報考復旦大學的西洋文學系，做了一篇〈記故鄉的革命〉的中文作文，和一篇〈我的寒假〉的英文作文，幾天後便見榜上有名，「又七找八找找到了一個朋友作保證，交過一百零幾塊學膳費，選過課，諸事已畢，只需挾著書本來登這象牙之堂了。」

然而迎接他的第一件事就使他失望。原來招收的學生太多了，校舍卻太少。後來者只能住到離學校兩里半地幽濕的茅屋裏，周圍環境極為惡劣，學校又巧立名目亂收費，且管理不善，如交了圖書費，若無熟人依舊借不到書；交了餐費，吃的卻是校門口蒼蠅堆中飯店的食物。更令他失望的是有些據說在外國已獲得什麼學位的教授，講課時三句鄉音夾著兩句正確的英語，有時又來北京話和上海腔，真使他聽了兩個星期還不知道講些什麼。若提問吧，不是說書裏有，一走了之，就是答非所問，囉囉嗦嗦一大堆。年青氣盛的梵澄感到「這是侮辱，這是欺騙，這簡直是靈魂上的戕賊。」他無可奈何，只得靜靜地看著窗外的白雲。

令他更為吃驚的是考試期間，竟然有教師和學生共同作弊的現象，以至他走進有的學生宿舍如同進了戲院和舞場一般，他不由慶幸自己這樣住茅屋的學生，「耳根到底清靜些，雖然蚊聲如雷，不過學問好似要是這樣修養成功的。」他很想把自己的看法談出來，然而，他想：「『此刻現在』，『談』何容易！何況是講我們堂皇的復旦大學。」

面對當時文化教育界的一股反對「五四」新文化的勢力，梵澄除了研習新學問外，又努力尋求思想的出路。其時復旦大學附屬實驗中學進步師生舉辦「火曜講話」，其目的就是為了在同黑暗勢力的鬥爭中得到指導和支援。一九二八年五月十五日，由復旦進步教授陳望道出面邀請，魯迅來到江灣的實驗中學演講。梵澄聞訊趕去，終於見到了心儀已久的新文化領袖魯迅。這天學校飯廳裏外都擠滿了人，魯迅演講的題目是「老而不死論」。據後來陳望道先生在〈關於魯迅先生的片斷回憶〉中說：「當時魯迅先生的演講極有聲勢，他幽默而潑辣地指斥當時的黑暗勢力，每當講到得意處，他仰天大笑，聽講的人也都跟著大笑。」梵澄和不少學生緊張地記筆記，一小時的演講很快過去了。梵澄大有「聞道知高山」之慨，回到宿舍後，即把記錄稿整理後寄出。第二天，魯迅即在日記上記下：「晚得徐詩荃信。」

五月三十日梵澄得到魯迅一張薄「洋紙」便條的回信，似乎不太同意發表記錄稿。梵澄又在六月五日給魯迅一封信，十三日便收到回信。這次是滿滿兩頁細字的宣紙花箋，當他讀到「貧賤而肆志，富貴而驕人」兩句話時，頗為詫異。心想：自己是個在校生，既說不上貧賤，更談不上富貴，先生緣何出此言？[註1]

原來復旦大學生中文系的葛世雄已私自在某日報發表了記錄稿，魯迅看了很不高興，以至在寫〈《毀滅》第二部一至三章譯後附記〉時還耿耿於懷地說到自己講演「老而不死論」後，有「一個青年革命文學家將這胡亂記出，加了一段嘲笑的冒頭，投給日報登載出來的時候，卻將我的講演全然變了模樣了。」後來，魯迅在與梵澄的交談中，也多次說到清黨時有些青年成了反革命者，怎樣用「他人的血來洗自己的手」。梵澄這才意識到魯迅所說的「肆志」、「驕人」之語何所指，久而思之，更感到魯迅這兩句話，實在已是「減等」之說了；也道著了一時代許多人的病症。他把這看成是魯迅對他的第一次教言，終生不忘。

令梵澄高興的是，魯迅先生同意在家中接待他。梵澄哪知這是一個破格的待遇。鑒於當時政治環境的惡劣，魯迅是很少在家中接待陌生人的。然而，魯迅日記卻詳盡地記錄了一九二八～一九三六年間梵澄出入魯迅家中並與其通訊交往的全過程。

一九二八年六月二十二日梵澄第一次來到閘北景雲里魯迅的家。魯迅在與這位執著的青年的接觸中，證實了他不是自己所厭惡的那

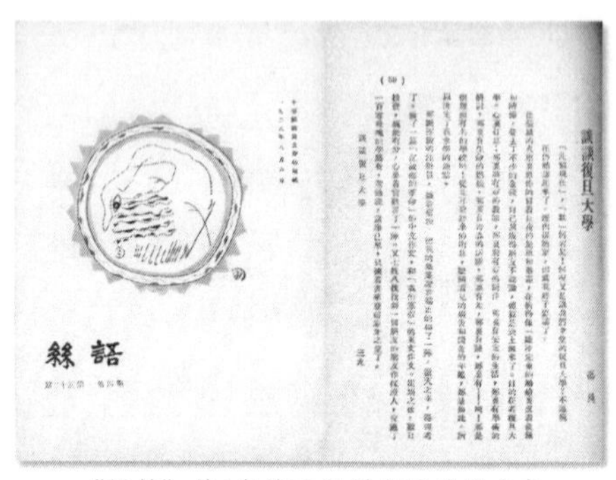

語絲

談談復旦大學

馮 珧

《語絲》第4卷第32期署名馮珧的文章

種青年革命文學家，倒是有著很廣博的國學根底，且對現實多有他自己的看法，因此魯迅同意推薦他的一些文章。七月十三日梵澄斗膽把自己上述感想，寫成〈談談復旦大學〉一文，投於魯迅主編的《語絲》。八月六日出版的第四卷第三十二期便刊出了這篇署名馮珧的文章。

這篇列舉復旦種種腐敗事實，促其反省的文章，引起了不少人的關注。《語絲》也刊載了幾篇或同意或反對的文章。不料，畢業於復旦大學的國民黨浙江省黨部的CC派頭目許紹棣借此對魯迅施加壓力，橫加「言論乖謬，存心反動」的罪名，以國民黨浙江省黨務指導委員會的名義禁止《語絲》在浙江發行；後來得悉魯迅參加發起成立中國自由大同盟，更以國民黨浙江省黨部的名義呈請中央通緝「墮落文人魯迅等」。魯迅對這一誣衊性的頭銜，竟幽默地稍加改動成自己的筆名「隋洛文」，以示對統治者的蔑視。

此時梵澄在學校中也很難安身，學校當局和黨徒們挖空心思尋找他，他不時感到有人盯梢，不禁向魯迅發出「捐生喋血」之類激烈的言語。魯迅知道他不太會處世，便在一封信中告誡他説：「在中國做人不易，因為國度老了，花樣多，有時做人也只得用點手段。但要明知是手段，這樣，吃虧的人比較少。」梵澄知道先生是為了愛護自己，讓他用變通的辦法，從容地達到目的。但他從未見先生對人用過手段，總是誠誠懇懇，還因為過於厚道，吃了不少虧。他本人也不會耍手段，唯一變通之途，只能離開這是非之地，為長遠計，出國留學。一九二九年八月二十日《魯迅日記》載：「下午詩荃赴德來別。」

晚年梵澄也忘不了與魯迅先生臨別時的情景：「先生一直送到大門口，我便鞠躬下去，剛一轉身，先生突然目光輝射，執著我的右手猛然一握，我感到那手力極強。這是以前未曾遇到過的，我吃了一驚，便分別了。」「那一握，是教示，是勉勵，使人精神振起，要努力，要爭氣，要在外國好好讀書。」其時，他正二十歲。

逃離故國，渴求新型人

梵澄獨自一人登上一艘日本遠洋輪，前往法國馬賽，再轉道去德意志。他第一次遠離大陸，面對海洋。白天，看著遠天舒卷的白雲，海波色如綠油，船身激起的沫，又白如乳。一輪鮮明的太陽，使上下四方流動著光明。忽而，白光一閃，飛魚掠過；忽而，一二海燕在波上翻飛，告知已近陸地。夜晚，奇幻萬變的浮雲擁掩著圓月，明波柔和地閃爍著，神奇的大自然引人遐思萬千。他想：「這裏，是詩、歷史、美術、音樂的淵源，陸地是窄狹的。」

他想起在故國的遭遇，留下的創傷摸撫不得，遠走他國幾乎是等於逃亡了；前途也不見光明，何況還是中國人，又生在這個時代，但不知怎地，大概是多受了些風濤的衝蕩吧，他感到現在他的心仍舊平靜，他深信魯迅先生所說的鐵屋子終有一天會打開窗子，透進陽光的，只要自己不是開一隻眼閉一隻眼，而是目光炯炯地坐著，是有望的。他渴望過一種有價值的人生。

途經香港時，他上岸觀光。山上幽雅，美潔，但連老婦稚兒都說著破碎的英語，令他感慨繫之。回到船上，看著被保送去比利時留學的中國學生高視闊步役人的樣子，聞著十幾位去倫敦的廣東人用煙霧造成的烏煙瘴氣，令人發昏，他很害怕，以自己對祖國的毫無眷戀，一旦在歐洲住慣了，便會安然下去。他感歎現在的中國大概只有像屠格涅夫這樣的疑慮之士，而找不出他在《父與子》中刻劃的富有勇氣的巴扎洛夫。而中國，有了新式的人，才會有黎明。他要寫，但絕不寫那種粉飾太平，人云亦云的文章。他禁不住拿起筆把自己的感想寫下來，途經新加坡時，匆匆登陸寄給他敬愛的魯迅先生。

船到法國馬賽後，他未經巴黎去德國，而是獨自一人取道南邊，從斯特達斯堡直赴德之首都柏林。因為一來怕走巴黎用費太繁，二來實在擋不住有些同胞的烏煙瘴氣，硬是一個人踽踽泠泠，行進在秋風寒烈，呵氣成白霧的德法邊境線上。

初到柏林時，他就感受到這西方大都市高度的物質文明和人民健康、勤儉的精神氣質，沒有絲毫上海的遊靡習性。雖然時常見到許多傷殘者，但望去也毫無頹唐之氣。進而他遇到了類似上海街頭的女人賣俏，從行人因緊張而流露的神經質中，察覺到了在整潔華美市街的偉大莊嚴銅像下顫動著無邊的淒涼，明白了此地許多青年和中年人，也無非是被關在大洋樓裏剝製成一個個循規蹈矩，作事勤謹精進的好奴才，否則就會失掉飯碗，閃爍著「饑餓的光芒」。這個世界普遍的哀愁，密佈戰雲，令處在彷徨中的他難以前進。他進入柏林大學給外國留學生讀的一個預備班，準備明年春天進大學。但是進什麼大學，學什麼，仍然很渺茫。他住在一所大樓的最高層，前臨一片荒原和一條黑水河。到了雨天，他坐在房中望著自己的影子和窗外的愁雲，更覺得生路太狹促了。此時此地，他尤難忘魯迅先生那雙炯炯發光的雙目和臨別有力的一握，他何嘗不感到先生的熱望，但他只能告訴先生自己苦惱的現狀。他希望有一個總解決，投入戰線前進還是退縮——因為他已知道這中間沒有餘地與閒暇的。他沒有其他可談的朋友，只能寫信給魯迅，請先生給他寄些國內的刊物，還有新結識的印度詩聖泰戈爾的侄子要求徵集的中國革命詩歌。

魯迅把梵澄寄自途中和柏林的信，分別登載在他一九三〇年一月創辦的雜誌《萌芽月刊》第一、二期，署名迹餘。魯迅也很快給梵澄回信，並應要求陸續寄去自己主編的刊物《奔流》、《萌芽》、《語絲》及散文詩集《野草》等。魯迅也收到了梵澄寄來的德文《文學世界》、《柏林晨報》等報刊，他很重視這一個難得的直接瞭解世界的視窗，即從一九三〇年二月二十一日

《萌芽》第1、2期署名迹餘的文章

寄魯迅的部分外國原版小說

寄魯迅的部分美術書籍

始，在兩年內陸續匯1100多元馬克，此後就不斷收到梵澄寄來的各種報刊及近百種書籍和美術作品。其中有不少為世界注目的新興文學——蘇聯小說、詩歌、和戲劇，如《毀滅》、《鐵流》、《解放了的唐·吉訶德》、《靜靜的頓河》、《一周間》、《鐵甲列車NR14-69》及同路人作家和無產階級作家的合集《新俄新小說家三十人集》等。魯迅儘快地親自選譯或組織編譯出版，提供給當時正在提倡革命文學的中國文壇，以克服口號式的嚷嚷。在美術方面，梵澄寄來的既有世界頂級美術家如梵谷、倫勃朗、杜米埃的畫冊，也有精當的藝術評論，如《歷代藝術中的裸體人》、《藝術史上的人體》、《野蠻人與古典派》、《藝術與社會》、《藝術在危險中》、《一八〇〇年至當代的波蘭藝術》、《十九世紀的繪畫》、《表現派的農民畫》、《立體主義》等等。更有眾多當代表現力極為深刻的版畫作品（僅一九三〇年這一年就寄上版畫四百零九幅）。正如魯迅夫人許廣平在〈魯迅與中國木刻運動〉一文中評價的：「他寄來的木刻圖本，大抵是經過他名師指導，很內行的精選來的。」魯迅因此印出了比利時畫家麥綏萊勒的《耶穌受難》木刻連環畫集（即《一個人的受難》）、德國畫家凱綏·珂勒惠支的作品集、德國青年畫家梅斐爾德為蘇聯著名長篇小說《士敏土》作的插圖原拓，並準備出版梅斐爾德的木刻連環畫《我的姐妹》及瑞典畫家蒙克的版畫集。寄來的畫本有的還在一九三二年六月魯迅與人合辦的《德國創作版畫展覽會》上展出，這些對魯迅正在倡導的新興木刻運動起了極好的指導和推動作用。

梵澄為什麼積極地回應魯迅的號召？他在一九三〇年七月四日覆魯迅信中說得很分明：「幾封信連翩而到，因知中國思想界正在飛躍，將來在世界潮流中一定不致落伍，並且，如果能深入下去，還要站在世界之先。」「彷佛先生在救荒，那麼，這方面代辦糧草，是無困難的，然我希望中國慢慢地吃，不

魯迅翻印出版的畫冊之一
《凱綏·珂勒惠支版畫集》和《一個人的受難》

魯迅翻印出版的畫冊之二
《士敏土木刻插圖本》

《士敏土》木刻插圖

《士敏土》木刻插圖

Heidelberg.
Juli 4. '30

鲁迅先生

收到任達[illegible]两刻，因知中国思想界是在飞跃，将来在世界潮流中一定不致于落伍，并且，如果能深下去，还要站在世界之先。

[illegible]先生在[illegible]，那么，這方面[illegible]，是[illegible]困難的。然我是希望中国慢慢地吃，不然，毛病就多。如不消化，嘔吐，口裏想吃而肚裏裝不下，甚而[illegible]放屁；那么，藝術界是遭殃的。

今日又接到二百馬之多，共计先生匯款已有七百四十馬克，也不能小数目了。我懷疑这些錢到底给中国换到什么没有。如没有，那是我的錯過，一[illegible]此責任兩字如重了。

说句某階級某根性的话，我從来没有寫過賬，但[illegible]样，少爺公子"脾氣，和是的糊塗不清。我曾也常[illegible]地學些寫賬，但拿出来不像賬單，"又苦心去計算，但還算不出。——可見遺傳也大概有這事，這個就是"先天"的。（[illegible]我在學校時也[illegible]）

所以，計算還是在先生那一面方便。書到了就算，此外報紙不必算價錢[illegible]

從海德堡寄魯迅的信首頁
（1930年7月4日）

然，毛病就多……那麼，藝術界是遭殃的。」為此，他讓魯迅在結算賬目時，「報紙不必算紙，只因為寄回中國或許還有半寸用，郵費我可以出，因為我是中國人的緣故」。他通過多種途徑認真地搜購文藝精品，並在信中述說他對一些藝術家和作品的看法，甚至還想寫一篇有關木刻的文章。

留學德國，心存中華魂

確實，梵澄與魯迅的結交，也影響了他對專業的選擇。他的家中之所以同意他留學德國，仍是希望他在這個醫學發達的國度學醫。但是有感於人類哀愁的他，最終選擇了一門綜合認識整個世界的學問——哲學，並且選擇了一所遠離大都市的德國最古老的學校——有一百五十十年歷史的海德堡（Heidelberg）大學。他非常喜歡這個幽靜的海德堡城。城中兩山對峙，一條涅卡河穿流其間，綠樹鬱鬱蔥蔥。他寄宿在河的南岸，房東老太太很喜歡這位經常給她送鮮花的中國小夥子。這裏的人民純樸熱情，整個城市環繞大學服務。海德堡大學是世界排名第十位的名校，有著名的貢朵夫教授講歌德，布克教授講德國文學史。後者在講課中常常引據法國狄爾泰的《體驗與詩》和丹麥勃蘭兑斯的《十九世紀文學主潮》，思想開明。有一次梵澄告訴他中國也多有易卜生的劇本，他高興地吸收到他的講課中。

該校的哲學系包括的專業很多，梵澄除了主科哲學外，還選修藝術史專業。他自小喜愛多種藝術，在這裏他又學會彈鋼琴，但更多地受魯迅的影響，熱衷於美術的學習。為此他選擇了一門版畫課，看到了許多名藝術家的傳世之作。他進而想學會版畫技巧，便由學校介紹，免費每星期去一所高等技術學校學習二小時的製作。在一位油畫家的親切指導下，他從木炭畫學起，再學習在亞麻油氈上刻，學會了在各種材料上製作版畫。他高興地把自己的習作《罐梨》、《風景》、兩幅《聖誕老人》

贈魯迅的部分自製木刻畫和題詞
之一：罐梨

贈魯迅的部分自製木刻畫和題詞
之二：風景

寄給魯迅先生，還調皮地在第二幅的右側題寫清道人語：「發揮其縱勢耳！」左側題道：「此乃得意之『脚』」，且得意地標上天價「9474馬克」；而第一幅的標價竟低至「0.25馬克」；一幅題有「聖誕老人，星，月，雪，樹」的畫，也只標價「0.25馬克」，而另一幅右側題寫「魯迅先生」，下端題署筆名「正鋒」，左側評注「此拓較精」的聖誕老人圖，標價則升至0.5馬克了。在這些兒戲般的調侃中，顯示了他的自信。他請求魯迅先生給他寄照片。一九三一年二月十三日魯迅便收到他寄來的兩幅按照片刻制的魯迅像，其刀法粗獷有力，充分發揮工具的特長，突出魯迅炯炯有神的雙眼，鮮明地表現出他所敬愛的魯迅先生的精神狀態。他後來寄給魯迅的自製高爾基像，同樣也是出於對高爾基的敬重，「文壇上有誰因痛心國事而以一銅管手槍自殺的呢？」而且晚年還領導蘇聯文壇，致力於其全民族和全人類的覺醒，所以他在造像下題寫曹孟德的古詩：「老驥伏櫪，志在千

贈魯迅的部分自製木刻畫和題詞之三：聖誕老人

贈魯迅自製木刻高爾基像和題詞

里。烈士暮年，壯心不已。」

魯迅似乎對他的木刻作品很感興趣，出版譯文集《一天的工作》時，即應要求提供了梵澄刻的一張畫像印在書的包封上。後經出版家趙家璧先生回憶此事，人們才驚覺後來已不治版畫的精神哲學研究家徐梵澄先生，竟是中國新興版畫最早的創作者之一。至今在北京的魯迅博物館和上海魯迅紀念館內還保存著當年梵澄寄給魯迅的上述作品。

贈魯迅自製木刻魯迅像之一

一九三〇年秋天，年青的詩人馮至也來到海德堡大學哲學系學習。據他後來在《海德堡記事· 記徐詩荃》中回憶，他第一次拜訪梵澄時，就見他書桌上擺著一幅魯迅的照片，牆上掛著他自製的高爾基像，兩人不由一見如故。當時正值資本主義國家發生經濟危機，人們思想動盪，德國納粹黨氣焰囂張，與左派共產黨的鬥爭十分激烈，學生中也分成左中右三派。作為外國留學生，他們雖未參加論爭，但談起世事來也十分憤慨。梵澄更是少年氣盛，常高誦清代詩人王仲瞿祭西楚霸王的詩句：「如我

與馮至在德國海德堡

文章遭鬼擊，嗟渠身手竟夭亡。」或是沉痛地低吟南社高天梅擬作的〈石達開遺詩〉：「我志未酬人亦苦，東南到處有啼痕」，「只覺蒼天方憒憒，莫憑赤手拯元元。」有一次梵澄走在路上，被一個同胞攔住，氣急敗壞地説了不少人聽不懂的話。好容易才明白他們來自浙江青田，有兩個同伴被員警拘留了。梵澄知道他們都是到歐洲來兜售青田石雕成的花瓶、筆筒之類用品，但常常是膺品，加上他們居無定所，不是沒有護照就是過了期，所以經常遭員警查問。梵澄平時很看不起這些「青田小販」，但當他看到他們手持的林語堂名片，上邊只寫著六個字：「同胞事，請幫忙」，不禁前往警察局為他們辯護。

作為一個血氣方剛且有思想的青年，他時時刻刻關心著中國的前途。蔣介石政府的倒行逆施，使他對所謂的民國政府早已失去信心。但是他對當時一些左派人士的作為也頗感懷疑。魯迅曾留存一首梵澄署名兒童的白話諷刺詩。寫這首詩是因為他聽説國內的一些革命者經常進行飛行集會，在一九三〇年的「紅五月」中更是頻繁，甚至也要求左聯的作家參加發傳單等活動，並寫那種一味嚷嚷革命的文章，不計生命的安全和效果。所以他在詩中諷刺這種把「文學當手槍」的惡果：「革者自革，頑者自頑。紅的變綠，綠的變黃」。他和魯迅一樣，認為當前中國更需要的是思想建設，所以他在詩中幽默地寫道：「鄙人亦是唯恐天下不得亂，販來火種一把收到且請藏入箱，鼓！鐺！」

德國是一個篤信基督的西方國家，又是一個盛產思想家和哲學家的國度。但不論是康德、黑格爾，還是叔本華，他們都重視出自東方的佛教，德國因此成了世界稀有的梵文學習地。中國不少思想家如章太炎、王國維等正是在德國哲學家的影響下，曾寄希望於佛法救中國。魯迅也曾研究佛學，梵澄在國內時曾多次聽魯迅說：中國文化受佛教的影響實在太深了。因此當他得知有一位研究佛學的日本人，為了學梵文，將全部《大藏經》搬到德國來時，也萌發了研究《大藏經》的心願。他一有空便去圖書館看大藏經，甚至學會了念咒語，他在信中跟魯迅先生說：「這有時看去是彷彿與鬼為鄰，然而不也是至高底至善底至美底鬼影嗎？」

但是，中國的出路何在？個人究竟何去何從？為此他苦惱地告訴魯迅：「現在我個人腦子裏常有許多鬼打架，托爾斯泰、馬克思；斯達林、甘地；和平、不殺生；戰鬥、喝人血；叫喊、沉默；達觀、誅求，諸如此類，有時鬧得一榻糊塗，實在得不出結論。」

在德國，幾乎聽不到國內的音訊，只有從魯迅的來信中得知一、二。一九三一年初，魯迅給他寄來一首七言律詩，首句為「慣於長夜過春時」，信中還說：「夫慈母投杼，屢告成真，千夫所指，無病而死，我不得不避開了。……」原來魯迅所信任的柔石和他的二十三位同伴一起被國民黨政府殺害，先生也不得不避居英租界。他很為先生的處境擔憂，便建議先生離開上海洋場，找一山水佳處居住寫作。先生回覆說，這些夢少年時代也曾作過的；又講了些不可能的道理。後來梵澄也體會到時政太黑暗了，哪裡有安全之所呢？要針砭時政，在上海仍有些方便。不久，魯迅又給他寄來一首〈湘靈歌〉，是寫梵澄家鄉長沙的白色恐怖。一九三〇年七月共產黨在「立三路線」的指引下強攻長沙，又被迫撤出；國民黨政府後來在長沙等地大肆屠殺革命者和群眾近十四萬人，已到了草木皆兵的地步。魯迅在信中說：「這

詠懷 集文選句 有序

餘違離別故國既久有結習已空文字語言日益疎遠一日晨起忽接到 魯迅先生惠寄素箋一束欣忭之情懷良不可任適會列卡河水大發浸淫街巷所居地低窪遂不能下樓俯視屋影搖光舟行入户殊爲不可樂觀幸新與房東講和麵包臘腸由彼供給加之茶葉菸草火柴盡缺亦飄飄然如蓬萊中人遂取文選句集爲詠懷詩一篇豈曰成裘實同綴衲意不欲負此佳紙而已并以張黑誌字體書之以會紹興魯山之厚意一九三一年五月八日石油鐙下

朝霞開宿霧 淵明 清風吹我衿 嗣宗
素居易永久 靈運 良訊代兼金 士衡
荒草何茫茫 淵明 浮景忽西沈 景陽
登高望九州 嗣宗 譬若傍無人 太冲

詠懷詩集句序1、2頁

次我想府上必受了一些影響。」

確實，屠戮已使長沙等地百業蕭條，郵路不通，梵澄經常收不到家中的匯款，只好借錢或賒賬。據他的好友馮至夫婦回憶，他總是保持做人的尊嚴，連賒賬都要買一束花去。由於他很守信用，所以店鋪老闆都願意賒給他；他的房東太太在瞭解他的為人後，更是把他當作兒子看待。一九三一年五月八日他收到魯迅的素箋一束，時值涅卡河發大水，淹了街巷，他不能下樓，幸有房東照料，「飄飄然如蓬萊中人，遂取《文選》句集為詠懷詩」，以謝魯迅厚意，表明昔日的志向未變。確實，即便後來寥落一生，頻於九死，他也不忘魯迅的「豎起脊樑」做人的教導。

1931年7月14日自繪海德堡住宅

一九三二年夏，正當他完成畢業論文，準備答辯際，家中來電告父親病危，促歸。他處在兩難的境地，無奈匆匆回國。

譯介尼采，反對奴和蠻

據《魯迅日記》記載：一九三二年八月三十日，梵澄從柏林抵達上海，當晚即前去拜訪魯迅，贈以文藝書，又贈海嬰積木一匣。

梵澄到上海的第二日即回故鄉奔喪，其時他的父親已病故。他在家服喪月餘才回到上海。十月十四日他去魯迅家，告訴先生他已不能回德國去讀博士學位了，因為掌管家庭經濟大權的大哥以他未讀醫學及家庭財力不足等理由不予支持。二十三歲的他需自謀生路了。此後，他每次來訪，魯迅都很熱情地接待他，不是「贈以信箋二十枚」，就是「贈以《秋明集》一部」，還借給他自己校過的《嵇中散集》。他們二人有不少共同的愛好。梵澄雖然年少，但已學貫東西，又有個性，因此二人的話題很多。在談話中，魯迅給他講了不少人情世故，如說世家子弟有三變，一變而為蠹蟲，即是出賣先人收藏的字畫圖書為生；二變為柱木蟲，乃出賣家中的木器或甚至房屋；三變而為大蟲，則是「吃人」，賣去他的奴婢。梵澄聽得不由驚心動魄，不僅引以為訓，而且後來還寫了一篇雜文〈世家子弟〉（署名黃衣裔，載《自由談》一九三四年二月八日），進一步揭示「世家裏面不外兩種東西，一者野蠻（Barbarism），二者奴才相（Slavery），此外便是虛張聲勢，和好看的招牌」；連原先聰明的子弟也會「變成俗子，或白癡，或紈絝。但偶然因為家長實明，也能造成學問，但那是二者之外更加上大架子和金粉招牌，無非要使非世家的平民，變成更苦的奴隸。」

正是出於對野蠻和奴才相的警惕，他選譯了推崇藝術，肯定「生之意志」的德國近代哲學家、自由思想家尼采的自傳體作品《看，這個人》，他將書名改為《尼采自傳》，並第一次署上了梵澄這個筆名。一九三三年七月十四日，魯迅收到他的譯稿後，也頗感興趣。魯迅早年留學日本時，即鍾情於這位要推翻舊道德，將一切價值重新估定的英哲。但是，在當時的出版界，哪有鼓吹超人的哲學家尼采的位置？不過魯迅已越來越意識到在左翼文壇上有一股蠻橫的奴隸總管的勢力 ，多麼需要一個強有力的自由意志來抗衡。所以當一九三四年末，良友圖書出版公司的趙家璧來約稿時，魯迅頗有感慨地說：「中國曾經大談達爾文，大談尼采，到歐戰時候則大罵了他們一通，但達爾文的著作的譯本至今只有一種，尼采的則只有半部，學英、德文的學者及文豪都無暇顧及，或不屑顧及，拉倒了。」他認為出版界的眼光要遠大。接著他提到筆名梵澄的徐詩荃，既有舊學根底，又精通德文，已譯了幾本尼采原著苦於沒有出版社肯接受。因為這書的銷

尼采像

路有限，可能要虧本。不過他譯的《尼采自傳》，通俗易懂，僅五、六萬字，其中講了尼采幾部重要著作，如《悲劇之產生》、《朝霞》及《蘇魯支如是說》等構思的經過和成因。趙家璧當即表示可以考慮，並很快把它編入《良友文庫》。然而，正如魯迅在一九三四年十二月二十五日致趙家璧信中所說：梵澄「此公頗有點尼采氣，不喜歡混入任何『叢』中，銷路多少，倒在所不問。」經魯迅商洽，梵澄終於同意放在該文庫中。由於他當時「行蹤甚秘」，總不能及時找到他，為了使該書儘快出版，魯迅撥冗包攬了校對、提供尼采像等雜務。一九三五年五月上旬，這本包含了梵澄和魯迅二人心血的《尼采自傳》終於和讀者見面了，可以說這是在中國出版的第一本從德文移譯的尼采原著。

部分譯著《尼采自傳》、《朝霞》

就在《尼采自傳》出版的同時，魯迅建議梵澄翻譯尼采自稱在其著作中佔有特殊地位的名著Also Sprach Zarathustra。梵澄說，郭沫若早已有譯本《察拉斯屈拉圖如是說》。魯迅說不全，要將四卷全部譯出，而且Zarathustra這位波斯聖人，我國唐朝把他譯作「蘇魯支」。原來魯迅早在二十世紀初就有此翻譯的雄心，曾用古奧的文言譯出第一卷〈序言〉的前三節，題為〈察羅堵斯德羅緒言〉，二十年代初又用白話譯了〈序言〉的前九節，名為〈察拉斯忒拉的序言〉。後來見郭沫若出了薄薄的節譯本，總覺得不夠，但要譯全，難度確實很大。梵澄倒是不覺得難，有信心譯一部名為《蘇魯支語錄》全譯本，只是怕無處出版。

一九三五年，梵澄接到魯迅的來信，說：「前幾天遇見鄭振鐸先生，他說《世界文庫》願登《蘇魯支語錄》。兄如有意投稿，請直接與之接洽。」於是，梵澄便去找鄭振鐸先生提出要求：譯完一卷刊登一卷，即時付一卷的錢。儘管鄭振鐸心裏有些嘀咕，但又相信魯迅的介紹，便同意了。尼采是世人推許的詩人哲學家，這部書更是以富於詩趣的散文──彰顯蘇魯支向他的門徒和人民講述富有睿智的話，宣傳他的「超人哲學」。原文雖多為短章，但文字樸茂，富於陽剛之美，表達了這位熱烈的改革家的思想。這也是魯迅和梵澄之所以推崇此書的原因。因此，梵澄不敢怠慢，他每天從早到晚坐在窗下用毛筆佳紙寫正楷小字，一字一句譯出，很少塗改，不再謄抄，只需檢查一番，定稿寄出；不到半年，便全部譯完。鄭振鐸看了非常欣賞這位才華出眾，譯風又十分嚴肅的年輕人，不僅在刊物上連續登載，而且很快把它收在《世界文庫》的叢書內，由商務印書館出版了這本名為《蘇魯支語錄》的譯本，並親自為之作〈序言〉，稱讚梵澄的「譯筆和尼采的作風是那樣的相同。」對原著的準確翻譯，正可藉以挽救當

時介紹西洋哲學的空疏淺薄之失。所以，商務印書館又出版了梵澄譯的另外兩部尼采著作《朝霞》和《快樂的知識》。自此，奠定了梵澄在中國翻譯界的地位，直至今日，學界評中國的尼采譯著，尚未有出其右者。

說佛論今，以針砭時弊

除了翻譯外，當時梵澄熱衷的還有兩件事，一是學習佛學，一是寫針砭時弊的小品文。而這二者，又都與魯迅有關。

如前所言，梵澄對佛學的興趣，起於魯迅的影響，尤在留學德國讀《大藏經》後更為熾熱。他曾託魯迅購寄《貫休羅漢像》；一九三一年五月，他接讀魯迅所作的〈慣於長夜過春時〉、〈湘靈歌〉諸篇，魂魄飛動，遂憤懣而詩，除了前文所說的〈詠懷詩〉外，他還以南海羅索和尚之名作四言古詩寄呈魯迅先生，哀悼被當權者殺害的柔石等烈士，最後歌曰：「長慚高標，永傍沙

贈魯迅詩集影

門」。其意是「入世」，則當革命，雖摩頂放踵，捐生喋血，利天下則為之，否則，不如「出家」，當和尚去。魯迅在回信中很不以為然地說：「捐生喋血，固亦大地之塊，足使沉滯的人間，活躍一下，但使旁觀者於悒，卻是大缺點」，「此外，作和尚也不行。」「我常勸青年稍自足於春華，蓋為此也。」回國後魯迅在談話中屢告他作和尚會使神經不正常，使人乖異。先生的這些勸告，對正處於人生旅程歧路處的梵澄是一重要指點。乃至後來在上海時，因給一位來自錫蘭的僧者作翻譯，僧者回國時欲化緣他，他卻以自己愛吃肉為由謝絕了。甚至還曾手刻一幅彌勒像，並作〈題木刻畫箋〉，諷刺所謂的問禪決疑風尚，詩曰：「寂寂彌勒佛，兀坐靈崖前。千尺澄潭幽，倒影桃花妍。我欲問禪理，佛笑無語言。但揮玉如意，指破微塵天。」〈跋〉中說：「沐手為此，以奉反對佛法最力者，豫才先生觀察大人雅正」。

題木刻畫箋

鑒於中國文化受到佛教的影響太

在《人間世》發表的雜文之一

在《人間世》發表的雜文之二

深，而其中又包含了不同民族、國度的文化交流，如相合又相離的兩大宗教——佛教和道教，其民間的起信，即古之巫術，沒有什麼不同。所以有志於研究中國文化和國人精神的梵澄，最初看《大乘起信論》，但魯迅先生說：這究竟是一部偽書，不如看《百法明門論》。繼後梵澄研究諸教之鬥爭，也是經魯迅指導看了《弘明集》和《廣弘明集》。他寫的小品文，有不少採用了佛道儒三教相爭的史實，以針砭時弊。如刊於一九三四年《人間世》第三～六；十八期的〈泥沙雜拾〉十九節短論，均借中外宗教鬥爭中之勝敗，或評今人之故弄玄虛，不治科學；或歎異教相攻，同教相嫉，導致偉人受摧殘而衰落；或笑今之學佛者念經退寇，靠天吃飯的所謂「佛化」；或揭示所謂以「佛力」、「仙佛」改造社會，超脫世界的荒謬及其思想產生的根源。這些短論的中心主題，便是提倡科學的信仰和藝術的提高、推廣，以教化新一代人。顯然，在如何改造社會的問題上，他與接近革命的魯迅思想已有不同。儘管梵澄也批判「仙佛」，在進行文化批判和社會批判時能言人所未言，但其為人處世更傾向於獨來獨往，孑然介立，進而流露出佛家的避世思想。所以魯迅在向《自由談》等報刊推薦這位「無派而不屬於任何翼，能作短評，頗似尼采」的年輕人時，也指出他某些短文的傾向，如一九三四年三月四日致《自由談》主編黎烈文信說：「此公稿二篇呈上，頗有佛氣，但《自由談》本不拘一格，或無妨乎？」

由於梵澄的文字精悍，思想銳利，所諷刺的多與魯迅同，所以有的竟被人疑為魯迅所作。但魯迅在一九三四年四月一日致黎烈文信說：「其實，此公文體，與我殊不同，思想也不一致」。如《自由談》曾在當年二月三日發表魯迅署名欒廷石的文章〈「京派」與「海派」〉，二月二十四日和三月十七日又相繼發表梵澄署名古明的〈南北文學及其他〉和〈再論京派、海派及其他〉，後一文中說：「幾個小卒小販在文壇上亂彈亂喝，大分其『京』、『海』，無以為名之，名之曰『野狐禪』，野狐而大談禪理，其理之荒唐可知。」不料，如楊邨人者，竟以為是魯迅所作，在同年三月十七日《時事新報・學燈》發表〈海派罪狀的揭發〉，說什麼「某大文豪御駕親征令檄四方，攻擊海派者無以名，名之曰野狐禪。於是海派無罪，攻擊海派者反成暴德。」其實，只要把魯、徐談南北的文字對照一下即可知出於二人之手。魯迅揭示南北之別，多從社會政治經濟著手，而梵澄總不免扯到宗教上去。所以魯迅在同月十四日給黎烈文的信中評梵澄說：「『此公』是先生之同鄉，年未『而立』，看文章，雖若世故頗深，實則多從書本或推想而得，於實際上之各種困難，親歷者不多。」

確實，年青的梵澄很不世故，如他很不願意編輯刪他的文字，而在當時惡劣的政治環境中是很難的，這些均需魯迅給他作解釋或輾轉投寄。其實他也瞭解當時社會之險惡，所以他與魯迅一樣不斷更改筆名。由於他還受到六年前復旦事件的困擾，總感到有人盯梢，以至「善慮」到要求魯迅不把他的原稿寄給報刊，而是請人抄錄後寄出，還需將原稿退回他。魯迅鑒於愛惜這一人才，不惜自己抄，還讓妻子幫忙，時間一長，頗以為苦，所以後來許廣平在文章中對他多有微言。梵澄直至晚年才了然自己的過錯，慚愧地對筆者說：「我還以為如魯迅這樣的大作家有抄寫的人，哪知是先生和師母代抄的？我真該死！」特別是一九三五年後，魯迅的健康惡化，又時時想著「趕快做」，因此對思想不大一致的梵澄來訪，常予以「不見」。真心愛戴魯迅的梵澄卻不明此理。一九三六年七月二日，有半年多未見先生的梵澄來到魯迅家，師母告以先生病不見客。他一句話也不說就走了；一剎那間他買了束鮮花來，直衝到樓上，見先生躺在籐椅上，對他似理不理。不料，這令他傷痛的一面，竟成了他和先生的訣別。

一九三六年十月十九日魯迅先生逝世，聞此噩耗的梵澄難抑悲痛之情，他獨自一人在大清早來到萬國殯儀館停放魯迅先生遺體的小房間憑弔先生。他悲愴萬分，告訴許廣平，他保存著先生給他的許多信，可以集成厚厚的一本，希望將來能夠印出來。魯迅先生對他的拳拳之意，令他終生難忘，後曾作五言律詩〈懷舊〉云：「逝者吾誰與，斯人隔九原。沉霾悲劍氣，慘澹愧師門。聞道今知重，當時未覺恩。秋風又搖落，墓草有陳根。」

亂世人生，七年滇蜀道

未料一九三八年國民黨政府以抗拒日寇之名，實行焦土政策，自焚長沙。梵澄故家遭滅頂之災，珍藏在老屋夾壁牆內的魯迅給他的四、五十封書信，摯友馮至寄存的圖書及自己的手稿等，全都化為灰燼。而上海爆發的「八．一三」戰爭，也迫使梵澄離開燈火依舊繁華，其實已是「寇盜營」的租界地，回到長沙，安慰老母，協助兄長料理劫後家事。一九三九年中央藝術專科學校由湖南沅陵遷至雲南晉寧，他應校長——留德時的好友滕固的邀請前去任職。時年三十歲，這是中國人十分重視的「而立」之年，在感慨中他寫下〈三十初度〉詩一首，云：「枯槁形骸意也消，陸沉於世學承蜩。淮南落木心徒壯，炊下知音尾半焦。九日登山殊不惡，八騶捶壁亦無聊。相依節物寒花善，陶寫琴樽興已饒。」他竭力在令人消沉的環境中強自掙扎。

與滕固等留德友人
（前排左：朱自清，右：朱偰；後排左起：馮至、陳康、徐梵澄、滕固、蔣復璁。朱偰攝於1932年德國柏林 Eichkamp—馮至住處）

幸而他留學時結識的朋友，此時多

在雲南，成立了德中文化協會。特別是馮至一家居於昆明，經常招友前去他家在郊區楊家山林管理處作防空用的兩間茅屋內聚會。梵澄因此經常來往於晉寧和昆明，〈訪某友山居〉，生動地描繪了他們「深入白雲裏」，「真疑去亂邦」的短暫相聚。

一九四〇年，他隨學校遷至四川重慶。次年，滕固病逝，梵澄在〈悼友〉長詩中頌揚「斯人藐嶽峙，胸次鬱虯蟠」的襟懷，為了使學校在戰亂中得以生存，滕固團結來自不同學校的師生，數次遷校，「解紛情獨瘁」，卻遭當權者的疑謗，詩的最後悲憤地寫道：「何意入巴蜀，遽為二豎幹。荏苒冬夏徂，終戢四寸棺。霜簡夙昔意，穗帳淒餘寒。」不料此詩發表後，國民黨人大有譏議者。

不久，梵澄也就離開藝專，任中央大學教授，同時接受蔣復璁邀請，為中央圖書館編纂，編輯《圖書月刊》。他依然保持著獨處的人生。其時國民黨竭力拉知識份子入黨，梵澄卻讓此類「到門車馬渾無奈，自向蕉窗擘荔枝」，儘量避開一些會議；某黨國權貴與他家有世誼，不少人勸他往謁，但他未去，諸如此類的避拒，使他因此不斷受到黨人的攻擊。他在三十六歲時作的〈生日書四百字〉中，痛抒自己的處境：「七年滇蜀道，進退如轉燭。棲棲豈寧處，未是甘匍匐。學道希自樹，竟為謀口腹。天關守夜叉，叩者遭啖啄。」作為一個有自由意志的思想者，他不甘被大一統的意志吞噬。在詩中他歷數現實的黑暗。時值國民黨政府發動了震驚中外的「皖南事變」，在大後方也籠罩在一片白色恐怖下，詩中斥當權者：「同舟甚敵國，擊浪手則縮。」面對生民塗炭的國家，他忍不住慟哭。他已感到在中國內爭外侮的局面下，已無法「自樹」學問，因此又歎「遐心向天竺，苦行未能踐。」

由於他一直在爭取天竺之行，並自知此去不知何日歸，所以他很想再見最疼愛他的老母一面。其時，他的親人都已從戰雲密佈的長沙逃至遵義。一九四四年初他決意回家探望老母，途經桂林聽到長沙歷經敵寇三次攻打而未陷的捷報，喜極，更惜「全城亦經焚毀，人民苦矣！」（《詩存》卷一〈養病桂林聞湘北之戰‧跋〉）然因敵機轟炸，道路阻斷，不得已又回到昆明，寄居馮至家。在親如兄長的家裏，感受著親情的關懷，使他沉悶的心情略為寬解。他有時指導馮至的女兒小乖學畫習字，有時到附近的翠湖圖書館去看書，查資料，有時與馮至夫婦切磋學問，討論翻譯上的問題。看似生活平靜，然而，國家喪亂的陰影時時籠罩在他們的心頭。正是：「楚亂歸無計，滇遊亦有緣。儲書容問字，騏譯最磨堅。陌路隨時賤，生靈劇化遷。白頭青眼在，相對更談玄。」（《詩存》卷一〈別滇中諸友〉）

一九四五年抗日戰爭結束後，教育部組織中印文化交流，梵澄被選派去印度講學。他早已跟親友説明「去國未謀隱」（《詩存》卷一〈甲申歲暮由渝往遵義省親車中無俚輒書所見〉），而是想進一步比較中印的儒釋二學。他向好友朱偰言明心志：「欲起玄微振國魂」，「未必雪山求半偈，強如海客進三言。稍知象教猶秦敝，還使同文識漢尊。」（《詩存》卷一〈某先生見和壩上夜雨之作因再呈教〉）。因此他把此次文化交流之行，比作「季子觀樂未論兵」，自注謂：「此去不談政治。」（《詩存》卷一〈飛印度講學留別諸友〉）

天竺取經，愛侶苦分手

一九四五年，梵澄來到以印度詩聖泰戈爾名字命名的國際大學中國學院講學。印度與中國同是歷史悠遠的古國，印度是佛教的發源地，但早已衰落了，而傳入中國的佛教卻自東漢以來有大發展。向印度學者介紹中國的佛學及儒家思想，是梵澄這次天竺之行的目的之一。他選講的課題，是我國近代佛學大師歐陽竟無的佛學思想；同時，傳播中國文學美術等藝術文化。他本人則在課餘研究古印度佛教哲學家世親的名著《唯識三十論頌》，後據法國學者葉維的考校本，參以魏、陳、唐三譯，經鉤稽譯成《安慧〈三十唯識〉疏釋》，旨在探討佛教法相宗解釋宇宙的唯識之學，並以此為契機，索求諸教派的源流、異同及對世界文化的影響。

梵澄（左第三）與常任俠等在印度泰戈爾國際大學

他到印度後不久，即遇到不少困難。首先因不習慣熱帶蚊蚋的叮咬而患虐疾，「束書不得觀，對案不得食」，不由「駝坐默自傷，午夜增太息。」但想到當年唐僧西行取經時不畏種種困難，乃感悟：「知命故不惑，行神宛遊龍」，鞭策自己「猛志不可抑。」（《詩存》卷二〈病起〉）後來他陸續拜謁了一些著名的佛祖聖地，更是多有感悟。如他在〈游鹿野苑涅槃場等處歸，印度友人教余紡紗，遂有末篇〉中，清醒地寫出佛家勝地「雖無黃葉凋，終覺翠色刪。盛年實不再，倏爾非令顏」，更無所謂「異世求福」，事實是：「泰山與鴻毛，大暮同一體。形壽老則盡，人生信蜉蝣。」倒是在印度友人教他紡紗中，領悟「禮樂大同世，衣食為先端。法輪與紡輪，雙轉如跳丸。尺錘握經緯，聖雄獨桓桓。和平人治道，乃以勝殺殘。」一九四八年他所作的〈登大吉嶺望喜瑪拉耶諸山有作〉中，更是將皈依佛陀的辛苦山民和遊手好閒的喇嘛作對比，提出心頭的疑問：「咨嗟世間士，實相誰真知。」

已身處異國的梵澄，仍無法擺脫政治上的紛擾。他感到有三種政治勢力時時排斥他。他初到印度時，該國尚屬英國殖民地，帝國主義勢力囂張，在大學內也有殖民主義者，他們排斥像梵澄這樣支持印度獨立的國際人士。一九四九年印度獨立後，一些民族主義分子又很看不起其鄰邦——老大的中國，仇視華人學者。而同胞國民黨人也視無黨派的梵澄為異類，即使在異國他鄉，仍是傾軋有加。一九四九年，國民黨在內戰中兵敗如山倒，蔣介石政權匆匆攜帶黃金文物等逃至臺灣島，建立小政權，而對派往異國的學者竟棄之不顧。失去經濟來源的梵澄陷入極度窮困的窘境。

當時，在國外的知識份子面對國內存在的兩個新舊政權，都面臨著抉擇。梵澄對國民黨早已失望，但他也無力回到戰亂未定的大陸；況且三十年代那些革命文學家和魯迅論爭時的霸氣，一直讓他心寒；更因為他還未達到天竺之行的目的。所以他在一九五〇年離開泰戈爾國際大學後，經印度友人幫助，前往濱鄰恒河的貝納尼斯學習梵文，以便進一步閱讀古老的梵典，吸納印度哲學的神韻。

梵澄同時決定與游雲仙（一說名雲山）女士結為連枝，倆人在報上發表了結婚啟事。他倆可謂志同道合。游女士是廣東南海人，生於民國元年，善詩詞文賦，曾在香港學習美術，係嶺南派高劍父的弟子；她也崇尚佛學，雲遊四方，舉辦畫展，有『嶺南女畫傑之譽』。在梵澄的《詩存》卷二中有一首他在國際大學期間寫的詩作〈嘉遇篇〉，可謂是為游女士所作。詩首有「跋」云：「得閒盡觀某君之畫，怪其意境奇冷者十之六七，其藝事之

中年攝於印度

不至者亦十之二三，倘非深悲大苦不致如斯，極於藝術而傷於性君子不貴也。詩以抒吾摯念，冀廣高懷，且以為跋。」在這首六十二句的五言長詩中，一開始就描述了他觀畫的感受——畫如其人：「藝事良苦辛，深悲視阿妹。我見亭亭蓮，冰封立高岱。靈氣鬱清深，煜燁光藻繢。月白風泠泠，碧海搖波碎。雪嶺聞曙鐘，青霄際明昧。定定香散梅，了了無憎愛。棲心於至真，雅古同沆瀣。」詩中評她的才氣頗高，行跡走遍嶺南、峨嵋、湘沅澧，「茲來天竺遊，蕭然意恬退。群峰眺邊陲，極視嵐霧靉。恨無千丈絹，一畫收大觀。」然而，梵澄認為：「君乎太孤高，仁者自溫藹。日月尚薄蝕，珠璣有瑕纇。率性儻無尤，求全竟幾殆。」這是梵澄的藝術觀、人生觀：率性而作，不苛求完美。因此他予以忠告：「自珍善弗傷，毋事鏤肝肺。」從他們的結合來看，游女士曾一度接受了梵澄的忠告。他倆還一起前往地處南印度捧地里舍的阿羅頻多修道院生活、工作、學習。然而，沒多久，她就離他而去，原因不詳。梵澄曾抒寫〈擬陳子昂感遇三十八首〉，其第三十二首所感的愛侶分手，或可解本事，詩云：「少年好結友，歡愛謂無衰。何意同心侶，解手永相違。天半感停雲，矯首情淒洏。悲歌劉越石，知音鍾子期。後生多嘵嘵，群氓更蚩蚩。云誰託末契，言念桑榆時。」（《詩存》卷三第五十二頁）愛情在梵澄的精神上留下深深的傷痕，終生不再婚。晚年，筆者曾斗膽問他婚姻事，他一揮手說：「她跑了！」就此久久不再言語。後來，一位與他倆相識的印度友人巴帖爾先生告訴我，五十年代游女士即離開印度去香港，曾為梵澄購買印刷華文的鉛字，最終皈依佛門，易服出家，法號能淨，別號青峰，人稱曉雲法師；六十年代去臺灣。她似乎與梵澄走了不同的道路。但後來我在她創辦的《華梵導報》上，看到了她在二〇〇四年十月十五日圓寂的消息，並從眾人的追思中，才得識她一生致力於研究佛陀遺教，為善人心，提倡「覺之教育」，發揚儒佛融通的教育思想，創立華梵學院（現發展為華梵大學）；又每年舉辦清涼藝展，以藝宣道，一九九三年，曾在長沙麓山寺盛大展出。其著作、畫藝均豐，遺有《流光集》叢書百餘冊。這是一位在寶島聲譽極高的佛學家，美術家。

由此可見，曉雲法師走的並非是出世歸隱之途，從她開創的事業來看，甚至比梵澄更為入世、積極。他們的目的都是為了善導社會、淨化人心。唯梵澄不願束之於某一教派中，而是渴望在眾教之典籍中，尋求人類思想的精華，以救日益衰靡的精神。儘管道路維艱，但他此心不改。他堅持學習難懂的梵文，長達三十年留居在艱苦的阿羅頻多修道院。因為他自覺「余馬正長途」。

譯奧義書，釋阿羅頻多

一九五一年梵澄來到地處南印度海濱捧地里舍的阿羅頻多修道院進修，所謂「修道院」係梵澄給它的一個譯名（有人譯為學院或研究院），其原文名為「阿施藍」（Ashram），創始人室利．阿羅頻多曾對這個名詞作過解釋：「『阿施藍』的意思，是『房舍』或一些『房屋』，屬於精神哲學的一位『教師』或『大師』的。其間他接納而且安頓凡到他這裏來就學和修習的人們。『阿施藍』不是一社會或一宗教團體或一寺院……凡住在這裏的人，與政治活動皆斷絕了關係。凡一切宗教底，政治底，或社會底宣傳皆所不為。……在這裏的人，來自各種宗教，有些人不屬於任何宗教。這裏沒有什麼教條或一套武斷信理，沒有一管理著的教會。這裏只有室利阿羅頻多的教義，和一些精神修持，靜定、觀照等事，為了擴大人的知覺性，對『真理』容受性，為了克制欲念，為了發現隱藏在每人內中的神聖自我和知覺性，為了本性之高等進化。」

印度聖哲阿羅頻多

阿羅頻多何許人也？原來他和我們國人熟知的泰戈爾和甘地一起，在印度和世界早被公認為「西方三聖」。他們三人原先都是印度早期民族解放運動的領袖，後來三人各發揮其特長，泰戈爾以詩發民族之聲，立於世界文學之林，被譽為「詩聖」；甘地則以苦行實踐他的非暴力的「堅持真理」運動，其精神在動員全民族的反帝鬥爭中起到了重要作用，故被尊為「聖雄」；阿羅頻多卻因自覺用舊的暴動和暗殺政策無功，乃取較迂緩之路。他於一九一〇年與幾個跟隨他的人退隱於捧地里舍，過著修道

院式的生活。但他們仍關注著祖國的獨立事業，或批評或建議，只是其事業轉向精神建設工作。阿羅頻多的著作約有三十巨冊，其主要著作如《神聖人生論》、《瑜伽論》等，是世界著名大學哲學系的必讀書，不少名都大邑還成立了阿羅頻多研究中心、學會之類。他的學術成就大大提高了現代印度民族在世界哲學中的地位，故被其國人敬稱為「聖哲」。

神聖母親——法國密那氏

後來又有不少人來依附阿羅頻多，及至一九一四年法國貴族女子密那氏（Mira，其兄為阿爾及利亞總督）來到這裏，捨其全部家產，擴大了房舍和設備，逐漸發展為南印度法屬國際教育中心。Mira被尊為「神聖母親」，由她親自制定院規，以維持膳食、公共衛生和高尚的生活。

梵澄進入「阿施藍」，首先是為了解決他在印度從事研究的最基本的生活問題。他為什麼選取阿羅頻多開創的「阿施藍」呢？顯然是出於對室利·阿羅頻多的敬仰，不過其時這位大師已於一九五〇年逝世，但主持工作的「神聖母親」十分看重梵澄，為他建立華文部，任命他為主任，並撥款給他去香港採購印漢字的鉛字，也就是說他有了自己的印刷處。更重要的是因為在那裏藏著一部他心儀已久的古印度吠檀多精神哲學典籍《奧義書》。

《奧義書》是世界上古文化中頭等重要的典籍之一，曾對佛教產生重要的影響，而且影響了近現代歐洲的哲學思想。梵澄留學德國時，就得知十九世紀德國哲學家叔本華讀了從波斯語譯本轉譯的《奧義書》拉丁文譯本，十分讚歎，因此在自己的哲學體系裏裝進了他所理解並解說的《奧義書》思想；後來德國的哲學研究者杜森又譯了《奧義書六十種》，並用康德的思想予以解說，這不僅影響了歐洲，也大大增強了印度民族的自信力，並以此指導行動。二十世紀初的一九〇九年，我國革命家章太炎即有意協同弟子周氏兄弟──魯迅、周作人學習梵文，以翻譯《奧義書》，後因果未成。未料，半個世紀後，梵澄繼他所敬仰的前輩之志，把翻譯《奧義書》作為他天竺之行的第一件大事。為此，他甘受清苦，憑藉阿羅頻多修道院的藏書，遍識百家《奧義書》的各種版本，擇自古推重，不乏精義者五十種，陸續從印度古雅語梵文中譯出，採用的是接近這種雅語的漢語古文體，淺近而又質樸。一九五一年便印出其中的《伊莎書》和《由誰書》兩種。但終因經費不足而未能在印度全部出版，這也是後來梵澄力爭回國的原因。

繼《奧義書》後，梵澄便著手研究、翻譯室利阿羅頻多的超心思哲學。「超心思」乃指一種超越人的心理活動的意志──超自然意識，它作為媒介，連接著現象世界和超然世界。在阿羅頻多看來，宇宙的最高本體是超自然的純精神實體，稱為「梵」或「宇宙精神」，世界萬物皆起源於它，又還原於它。整個世界的演化，即由「梵」的自我否定，通過超心思下降為心思──生命──物質；反之，因萬物中潛在著純精神的意識，所以物質也有可能通過自我否定，逐漸向「梵」進化。據梵澄說：這一「超心思」名詞的確立，亦遠託尼采之「超人」，但他著意於尼采的靈感面。所謂「超人」，並非「仙人」，而是一種精神成就者，像我們古時的聖人。阿羅頻多幻想通過這種「精神進化」，達到人和人之間，國與國之間的和諧統一。其撰寫的《赫那克萊妥斯》，即是以古希臘著名的哲學家之名為書名，乃以印度的精神哲學眼光，察看西方第一位言變易進化學說的哲人，比較二者之異同。而梵澄將該書譯成漢文時，特將書名改為中國讀者易懂的名字《玄理參同》，因精神哲學之理可簡稱為我國習知的玄理，而且他在翻譯中附以疏釋，除了因其書所談的學理、故實需作介紹外，梵澄還認為我國古老的《易經》及下推至老、莊哲學，與赫氏的變易說，許多處正可互相比勘。他翻譯、疏釋《玄理參同》的目的，係將世界五大文明系統今尚存的希臘、印度、中國三派中的精神哲學作一比較，參考、參會其相同處。正如他在該譯本〈序〉中所言：「現代人盛言世界大同，理想實為高遠。然求世界大同，必先有學術會通；學術之會通，在於義理之互證。在義理上既得契合，在思想上乃可和諧。不妨其為異，不礙其為同，萬類攸歸，『多』通於『一』。」他深知其道路是多麼悠遠、渺茫，但「捨從此基地前進，亦別無其他途徑可循。」所以梵澄在印度時又譯印了阿羅頻多著的《瑜伽的基礎》、《瑜伽論》（一～三）、《〈瑜伽論〉箚記》和

《社會進化論》等書。

梵澄也從法文翻譯了密那氏平時的教言三輯，名為《母親的話》。密那氏早年信奉耶穌教，遍遊四方，見識廣博，曾預言中國的辛亥革命。在訪問日本後欲往中國未果。後來到印度，感悟阿羅頻多的學說應推及世界，於是捨家建學。她除了加強基礎建設外，還振興體育，嚴明訓練，設立學校，採購圖書。在她的主持下，至一九五七年，長期留院修習的人士有一千多人，來自十五個國家；短期參學及每年定期來去者，約有數百人。並開辦了小學、中學及大學。她致力於創造一種高尚的生活，在梵澄《詩存》卷三中有〈秋夜聽悲多汶第七交響曲〉、〈某女士獨唱晚會〉、〈觀兒童擬西洋各國舞〉等內容，可見院中的精神生活較豐富。在「母親」的支持下，梵澄也於一九五三年主辦中國歷史文物藝術圖片展覽會，辦個人的畫展。在《阿羅頻多事略》一書中他描繪院內情景：「弦誦聲詩，洋溢戶外，院友之耕耘者，方事其耕耘，畜牧者敕其畜牧，陶冶者為其陶冶，樂舞者習其樂舞，印刷之事繁興，建築之工畢作，而歐美有學求真之

在修道院展出的畫之一

士，時莅於斯，民族之畛域皆忘，階級之分殊未睹，蓋於人事則凡才亦能展其抱，同時修道則有志咸能得其方，用能安民樂生，欣欣同化也。」這是當時吸引梵澄來到這裏的「大同」世界。據說甘地在讀了「母親」平時教言的英譯本後，也贊道：「此涓涓甘露也。」

在「母親」主持期間，梵澄的生活、學問及藝術才能得到較自由的發揮，他不僅翻譯了上述巨著，而且還把印度教的經典《薄伽梵歌》和伽利大薩的《行雲使者》由梵文譯為中文出版。同時他又要讓印度乃至世界瞭解中國，努力以英語譯介中國古代文化的精華，出版了《孔學古微》、《小學菁華》和《周子通書》等。綜觀他在阿羅頻多修道院工作期間，他翻譯出版的作品有二十本。當年同在該院進修，現任新加坡阿羅頻多協會副主席的帕帖爾曾在〈精神漫步〉一文中回憶說：「在那裏，我遇到許多有學問的人，其中讓我留下深刻印象的是一位華人學者──徐梵澄。」「他在學問、道行上都非常之高，我甚至認為，他是我們時代少見的一位聖人。」「徐梵澄在印度

在修道院出版的部分書籍

學、中國學、和語言學方面深有研究，他是一個了不起的學者。在阿羅頻多哲學院的時候，他辛勤地從事寫作和翻譯，範圍包括中國的古典哲學和印度哲學。大家都知道，中印兩國的文化與哲學，背後都有一個龐大的背景，搞通一種已經非常不容易，何況要兩國交融，並蓄，更談何易？」「他不拘小節，我只記得，他伏案作學問，眼鏡破了還戴著，雨傘損壞不堪，還是撐著出門。但在他的辦事處，我們看到滿櫃子的翻譯稿。」

正是這些翻譯稿，促使他越來越思念故國。因為他研究印度學，為的是祖國，他曾說：「印度和中國是相鄰的兩個大國，印度可以不懂中國，但我們不能不懂印度。」但是在阿羅頻多的國際教育中心出版的中文書，只能在東南亞、港澳、歐美一帶流通。而且鑒於經費等原因，如《奧義書》這樣的巨著很難出版。有的還因人事上的關係，不能及時出版。如他後來在〈星花舊影〉中曾提到《小學菁華》一書，原本「意在使西人知道一點中國文字學，給南印度國際教育中心出版。印度人從來憎恨中國事物，將稿壓了十三年不肯印行。及至有法國朋友在印刷所發現這稿之後，便敦促其出版，結果在歐美暢銷，使他們賺了一筆錢。」正是諸如此類的原因，他幾次要求回國。

第一次是在上個世紀的五十年代末，他已完成多種由梵文譯出的中文本，而最重要的《奧義書》卻只印了兩種，他很想回國了此心願。「母親」卻有多種管道瞭解中國，她對梵澄說：你離開會後悔，我也會後悔的。他相信「母親」，暫時打消了回國的打算。第二次是在六十年代中期，當他提出回國時，「母親」竟大怒說：「你不能去！」他從未見她生過這麼大的氣，但他知道「母親」是為了愛

護他，也就不敢再提了。他也因此免遭「反右」和「文革」的厄運。直到一九七六年，「母親」以九十六歲高齡謝世，其後，院務被一些有狹隘民族主義情緒的印度人掌握，他們變本加厲地排擠梵澄，收回他原先居住的大房子，還把印刷漢文的鉛字熔化了。這也徹底消熔了他對所謂「大同世界」的幻想，堅決要求回國。有人建議他到香港定居，但他不願。他沒有護照，便向中國駐印度大使館求助，並得到朋友的資助，終於在一九七八年啟程回國。當他踏上祖國的土地時，百感交集，真想大哭一場，禁不住在心底不斷地呼喊：「我離開祖國三十三年了，今天終於回來啦！回來啦！」

晚年攝於阿羅頻多修道院

故國新顏，迎學術高潮

六十八歲的梵澄回歸祖國後，即回故里長沙省親。昔日成了一片焦土的祖居之處，已變成了一所幼稚園。親人早已離散，唯有三哥及其獨子尚留長沙。

他登上新建的湘江大橋，環顧四周高樓，憶及當年倉皇離鄉避難時的長沙城，感慨萬端，正是：「往事湘城血淚多，況經焦土賊頻過。星移物換都非舊，樓閣參天虹臥波。」當來到他日夜眷念的岳麓山上愛晚亭前，重睹滿山紅葉，不由慶幸自己「白頭生人國門回」，從西天重回人間。他又參觀了一九七三年發現長沙馬王堆後建成的博物館，喜悉在三號漢墓中存有《老子》帛書二種。因為老莊思想也是他長期潛心揣摩的一種精神哲學，和他刻苦譯成的《奧義書》頗多相通之處。次年他求得出土的《老子》帛書，即與原有的通行諸本校勘，感到「在昔名注疏之仍多疵瑕者，未有此西漢初原本故也，」遂就諸本斟酌，寫成一定本，並作注解，成就了他回國後的第一部學術新著《老子臆解》（一九八八年中華書局出版）。

梵澄又去雲南探訪在抗日戰爭期間流遷昆明的大哥一家。雖然兄嫂已故，但他和年齡相近的大侄子曾同在上海求學，情誼深厚。家人很希望他留在昆明，以便照料孤獨的他。然而，梵澄卻忘情不了他隨身攜帶回國的五部書，堅持要去北京。他終於找到了在中國社會科學院工作的摯友馮至和賀麟，在他們的指點下，他決定受聘於中國社會科學院世界宗教研究所，因為那裏也有一部令他終生神往的《大藏經》。一九七九年三月十六日，梵澄來到首都，開始迎接他新的學術高潮。

他到宗教所後的第一件事，即提交他積數十年之功的翻譯本《五十奧義書》，並按出版社要求，於五月二十二日將一大手提包的稿件交付我國著名的東方文化學者，北京大學東語系教授季羨林先生審閱。過了大半年尚不見回音。當他得知比他小幾歲的季先生教學、社會活動極忙，便不解何以轉費其珍貴的時間？一九八〇年元旦他致函中國社會科學出版社，説明出版這部「南天竺豔麗之一花」的重要意義，又強調「自思忝立名場四十餘年，至今仍從事文字之役，其所審定者不少。於此五十奧義書之內容及文字，自可全部負責」，「且當負責閱看全部最後校樣。」但按當時中國出版界行事規則和思路來看，出版這部譯自梵文，內容龐雜，文字古奧的八十六萬六千字的巨著，確非易事。梵澄為此十分苦惱，馮至得知後便向社科院胡喬木院長反映，終於使這部世界文化珍寶在一九八四年與中國讀者見面。誠如梵澄所預見的，該譯本一面世，深為讀書界看重。我國為數不多的梵文學者，北大教授金克木先生在《讀書》雜誌發表〈讀徐譯《五十奧義書》〉一文中說：「世界上古文化中頭等重要的典籍之一的《奧義書》譯成漢文出版，而且有五十種之多，這是一件值得注意的事」，不僅因為它對世界的影響，「由此又可以改變我們一般

與季羨林、馮至在北京

《奧義書》封面

習慣以為印度是佛教國家的很大誤解。這些經典會使我們聯想到中國的道家，驚異其『何其相似乃爾』。」他以自己早年在印度聽講該書的直接感受評價徐譯說：「用漢語古文體從印度古雅語梵文譯出《奧義書》，又不用佛經舊體，每篇還加〈引言〉和注，真是不容易。沒有幾十年的功力，沒有對中國、德國、印度的古典語言和哲學確實鑽研體會，那是辦不到的。……因此我對於梵澄同志的功力和毅力只有佩服。」這本厚重的譯著獲得中國社會科學院的優秀成果獎，被認為是我國學術研究中的瑰寶。該書很快在臺灣出版，可惜未通知譯者本人，幾經交涉未果，

《五十奧義書》的出版，使我國出版界又一次認識了這位闊別已久的傑出學者、翻譯家，同年商務印書館出版了他的另一部譯著室利·阿羅頻多的《神聖人生論》，一九八七年他的漢譯英文本《肇論》、梵譯漢本《安慧〈三十唯識〉疏譯》、英譯漢本《瑜伽論》（四）分別由中國社會科學出版社、中國佛教文化研究所和商務印書館出版；一九九〇年新世界出版社重新出版了他的英文本《小學菁華》。一九九一年，他應三聯書店之約，出版了英譯漢本《周天集》，此書不是阿羅頻多的宏文巨制，而是他的弟子所採集的他的片言散論，錄在發給院士的日記本每頁的頂端，以便每日研玩一條，共三百六十餘條。梵澄將這些箴言寸鐵集為一冊，通俗地讓人瞭解阿羅頻多的超心思哲學，耐人尋味。

這些著作的出版，拓寬了國人及思想界的思路，誠如梵澄在贈南亞研究所同人《神聖人生論》時致所長季羨林先生信中所說：「拙譯雖不足觀，然此書一出，對國外之影響頗大，以知我國思想家正爾

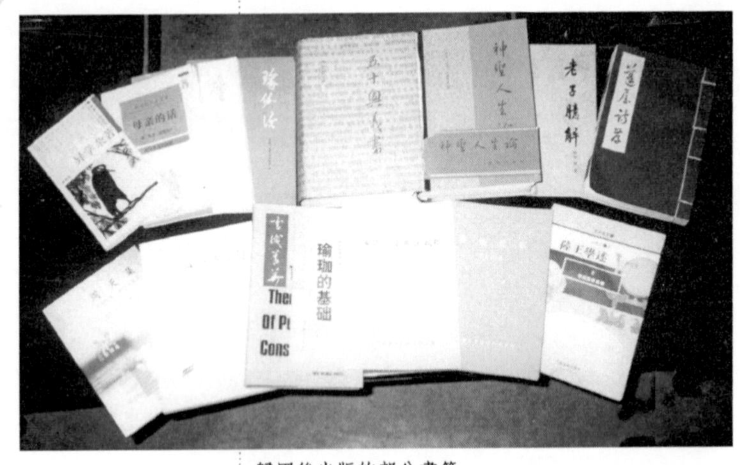

歸國後出版的部分書籍

涵納眾流，如海廣淵。五印度固視此書為當代唯一寶典，而歐美亦殊尊重之也。（我國）思想之現代亦不後人，非以一二派哲學故步自封者。」季先生對梵澄的譯著十分看重，特意叮囑南亞所的人說：「徐先生一生治學嚴謹，道路坎坷，應該好好向學術界介紹一下。」

他的譯著也得到了很好的回報，不少哲學研究者來信說自己是徐譯的熱心讀者，深感他的譯著學術價值很大。如一位研究者說：「一個『存在中為什麼有我』的問題長期困惑著我，後來意外發現了您翻譯的《五十奧義書》和《神聖人生論》後，使我在茫茫黑夜中見到光明，『梵我合一』的原理向我指示了探索的方向。」更有一些基層的讀者來信，或談體會或問道求學。如一位逕自登門求教的讀者在信中說：「讀了《周天集》和聽了您的教誨後，對我震動很大，使我認識到我現在尚在較低的精神層次中爬行，只有向大徹大悟的境界邁行，才可能真正認識世界和自我。您還教導我『條條道路通羅馬』，這使我大開眼界，增多了探索的路子。」

確實，梵澄對精神哲學的研究，絕不是要求人去獨尊某教某派，他自己也不以某教派自居。他曾多次對人說明自己「從來不參與有組織之團體宗教（Institutional Religion），而於各教之典籍一概尊重。自知頗明，終非為亦不能為宗教人也。」他對有人誤以為他是佛教徒，感到可笑乃至有點生氣。他強調自己是研究「精神哲學」，早期對尼采作品的翻譯，中年自放域外研究印度古代哲學《奧義書》、佛教、印度教經典及阿羅頻多，都屬這一系統。晚年撰寫《老子臆解》和《陸王學述》，也均在精神哲學範疇中。他曾在《陸王學述》中特列一章陳述何為精神哲學，強調精神哲學與「神學」大相異趣，它與宗教有天壤之別，與近代西方涉及催眠學和巫術的「靈學」有本質的不同，也不是西方的「唯靈論」。就質素而言，它是指對人的生命力（包括生理體、思維心、情感心）的研究，這也是它和思辯哲學的區別。梵澄認為中國的宋儒理學為身、心、性、命之學，其主旨或最後目的為「變化氣質」，與精神哲學著重身、心修為的「轉化」庶幾相同，可列入「精神哲學」這一類。他的這一思想因此又被人認為他晚年精神指歸儒家了。其實，他的精神並未束之於某家某派中。

我國的文化傳統「儒、道、釋」，一直是梵澄的研究對象。成書於一九九三年的《陸王學述》（上海遠東出版社出版），其材料搜集於數十年前，思索未斷。只因回國後發現中國民俗信仰及其思想界時時顯出以他人的好尚為轉移的心態，如以為外國人怎樣我們便應該怎樣，在學術上卻無所自立或終不自立。另一方面西洋至今仍持愚昧的偏見，認為「中國是一無宗教之國」，即無高尚的宗教追求。而梵澄認為「自古及今，宗教對人類的福賜是大的，但其遺的禍患亦復不小。讀西洋史及南亞史及現代各地宗教戰爭的情況是可明瞭的。」而「五千年中國文教菁華原自有在，不得不推孔孟所代表的儒宗。仁民而愛物，於人乃仁，於物不必仁，而亦不失其愛，從容中道，走出了一條和平忠恕的坦途，能善於其生，即所以善其死，有了宗教之益處，而不落宗教迷信之邪魔，脱去了一切心理上自加的纏縛。」所以國人應「繼續一貫發揚我們的孔、孟之學，以近人新眼光有所揀擇而作為精神追求。」由於儒家已經歷了幾千年，學派紛爭錯出，宋代則產生了以復興孔孟思想的宋儒，而其中又有朱程、陸王兩派門人互爭短長，歷數百年相攻不已。在學術上，梵澄是並尊朱陸，但以精神哲學的質素而論，梵澄未取作為政治家、教育家和經注家的朱熹，因其弟子太多，「挾勝心以附己見」的曲解也多，造成格物、致知、天理、人欲等「理窟」。所以他引導讀者重溫專務虛靜，完養精神的陸象山之學，及遙承並發揮其學的明代王陽明的哲學思想──「知行合一」、「知行並進」的「致良知」學說。他如入山採礦一般，以學術史潮為經脈，縷析有關的學案、傳記等，辨明陸學非禪、非禪之悟，以其教言比較攻擊它的王船山、戴東原之説，揀選其不與時代精神尤其是不與科學方法相違的，視其對今世及後世有所裨益的，將其採納、表揚；不采者則存置，擱下──以便後人或許又能從廢料中提煉出有用的東西。這就是他撰寫《陸王學述》的主旨。

正因為他並非只推重宋儒一家，所以他在重溫陸王之學時，也未忘情於為尼采辨白。一九九二年商務印書館重版梵澄三十年代的譯著《蘇魯支語錄》，他作長篇〈綴言〉，介紹尼采其人其文其學，並辨析世人對他的責難和誤解，指出魯迅晚年「未曾拋棄尼采，所重在其革命精神，同向人類社會的高上目標前進。」因此他也答應各出版社重印他早年翻譯的幾種尼采著作。

訂正書籍中的錯誤

力行仁道，永遠的超上

梵澄多次告誡青年人，無論治何學，當作一「永遠的超上」。一是要不斷地超越自己，一是對研究的學問，到了某一限度，也要超越。也就是說「你是你自己的主人」。他所推重的尼采、阿羅頻多、陸王，都是先有所得於心，見道真切，有一種獨立自主的精神，有不依傍他人門戶的意識。

他本人的治學態度即這一「永遠的超上」，有的經數十年研摩才成書，其中不僅是譯，而且多有自己獨特的「釋」。他在八十歲後又譯述兩部厚重的書，一是翻譯的阿羅頻多著作《薄伽梵歌論》，一是始於他青年時代的研究《佛教密宗真言義釋》。前者不久即完成交商務印書館，直到他臨終前夕尚在校最後的清樣。後者則是一項極其艱巨的工作，係根據傳入西藏的藏密，研究密宗派的一大特色——念誦咒語，即所謂的「真言」。由於其咒語大抵師弟秘傳，念其文句而不求其義，而目前尚存的《大藏經》中的咒語係據梵文音譯的華文古代音，無實意。梵澄旨在把它還原於梵本原文，瞭解本義，冀求經秘密傳授於口中念念有詞的「真言」。其研究的意義不僅有助於解脫宗教留給人們的眾多困惑和束縛，且對人類學、社會學、民族學都有不可估量的意義。這就是梵澄何以畢生渴求《大藏經》的原因。從他發表於一九九一年《世界宗教研究》第二期的〈《佛教密宗真言義釋》序〉來看，該研究已成稿，待付印，可惜其稿交於哪家出版社，竟因他的猝死而無人知曉。更令人驚奇的是，已作封筆打算的他，在逝世的前一年（一九九九年），這位老人又宣告他要翻譯「真言」了，這大概因為以前譯出成稿的，如他在上述〈序〉中所言，「只是全部的一極少分」。人們也看到過他的研究本，但他故世後的遺物中，竟無此研究本，也不見此書稿。由於他獨自一人生活，他的遺物曾一度處在無人管理的混亂狀態中，因此該項研究及其書稿竟成了他身後的一大疑團，也成為我國學術界、宗教界的一個難以彌補的損失。

他的學術工作重在對異學（不同地域文化）的忠實傳播上，所以多翻譯文字。其實他的文思極佳，不可忽視。然而他總是把自己的見解稱之為「微末」之見；把自己的研究、論述稱之為「重溫」、「議」，不刻意製作煌煌巨著。只是在某些編者的約請下，才有《陸王學述》這樣的專著，才有一本集歷年談不同國度，不同學問的文集《異學雜著》（一八八八年浙江文藝出版社社出版）。《異學雜著》中的〈希臘古典重溫〉、論中國學術史潮的〈澄廬文議〉、論中日書道的〈談「書」〉，都是洋洋灑灑的大文，其中頗多新意，均可見其深厚的學術根底。其他散見於各雜誌上的論文，如〈韋陀教神壇與大乘菩薩道概觀〉、〈《唯識二十論》鉤沉〉、〈關於毗沙門天王等事〉，以及為紀念魯迅逝世五十周年而作的〈略說「雜文」和《野草》〉，未經發表的〈梵文研究在歐西〉等，都給人很大的啟發，有的稍加發展，即可成專著，可惜他已沒有時間了。

一九八九年六月～一九九六年十一月他在北京三聯書店出版的《讀書》雜誌上連續發表〈蓬屋說詩〉，可謂是別出心裁的詩論，縱橫古今眾詩家，破出尋常文學史範疇，不論解釋典古辭藻，還是縷析詩情詩理，或是談詩韻詩風，均獨有其真知灼見者。「性情」二字是他詩論最關切的，也是他本人創作詩的衝動力。

他認為真正屬於自己創作的，只有詩，他十分寶愛出自他心靈的詩篇。一九九八年他自輯二百冊線裝本，名為《蓬屋詩存》，共四卷七百餘篇，最早的起始於留學德國途中的一九二九年，止於甲戌年（一九九八年）。詩體多樣，有古詩、近體詩，也有俚語、竹枝詞。內容十分豐富，摹狀寫景，抒情感懷乃至記事述意，是梵澄在國內外生活經歷、思想情感最生動的寫照，確如魯迅早年對他的評價：「詩甚佳」。他早年的詩，曾有意仿效唐李賀之奇峭，晚年的詩則趨於曉暢情理，如卷四的〈鄰宅歲半小女孩入室打破一瓷葫蘆〉二首云：「白瓷燒似玉葫蘆，貯酒常宜不數沽。悶想其中有丹藥，憐渠打破始知無。」「世上嬌娃誰不愛，翻天打地盡由渠。他年吉禮觀新婦，好向翁翁敬一壺。」詩中生動地畫出葫蘆之形象，女孩之活潑，老人之幽默，在富有生活情趣的韻律中蘊含著自然的哲理 。

有的人認為他的專長是以文言寫作古奧的內容，其實，他本是以白話議論現實的行家高手。然而，他對搜集出版他早年寫的雜文集，卻堅決拒絕。當有好事者鉤稽了他在《自由談》發表的近百篇雜文目錄，交給他確認時，他竟採取「不認賬」的態度。理由之一是這些雜文的署名都是隨意而取的筆名，時間太久，不便確認，唯恐掠人之美；其二，他引魯迅的話說：「我以為凡對於時弊的攻擊，文字須與時弊同時滅亡」；其三，最主要的是他認為：「目前，極難在青年界及一般知識份子中，養成一種敦龐篤厚之風，使人皆有一種開國之豁達光明氣象。用於摧毀舊社會之尖銳刻薄冷嘲熱諷之文字，不宜用於現代。」當然，他也看到社會的黑暗面，但他「思鄭康成有言：『知善深則來善，知惡深則來惡』是也，社會黑暗越掘越深，亦屬無益。」

他強調社會教育的正面引導，因此他專治精神哲學，努力闡發我國文化優秀傳統儒家思想的核心──仁，指出這核心是中外古今萬善萬德具備的。而且他身體力行這一人道中的「仁」。他除了努力完成自己既定的工作，還幫助別人審稿，甚至代擬英文稿（有的是不得不為之）。他曾在給筆者信中這樣說：「請恕我說出衷心話：我算是在學術界裏混了幾十年了，未曾入過任何黨，任何派；到現在學術和事業可謂毫無成就。縱令有些表現，距我自己的理想還甚遠，最重要的是：我覺得能活到現在已是大幸，然總歸是來日無多了，如今雖在工作上頗能支持下去，仍以為最好是了清一事便算一事。盡心盡力，於人有益而為之，此即周先生昔年所謂『張家要我耕一弓地……』云云，努力做，趕緊做，其他一概不管。」他難忘魯迅先生的恩誼，除了撰寫了回憶文章〈星花舊影〉一、二篇外，更是不遺餘力地完成魯迅博物館提出的要求。如為了出版《魯迅藏外國版畫》一書，已是八四老人的他還親自跑圖書館查資料、搞翻譯、寫有關畫家的簡歷，並提出整理、編輯的具體意見，對編定的版畫一一過目審定。此外，還撰寫了《魯迅珍藏德國近代版畫選集》的〈前記〉。

梵澄先生的生活極為簡樸。他家中除了一部不常用的電話及一台冰箱外，無其他電器。直至八十高齡後，他依然堅持凌晨五點半起

訪魯迅之子周海嬰

床，練一套自己改編的古代八段錦；早茶後讀梵文書，以備不忘；早點後寫作二～三小時，午飯前看報，午休一小時，其後寫字作畫、公園散步，看閒書，直至八、九點晚餐，十點半安睡。他不肯接待來採訪他宣傳他的媒體人物，但樂意照料放學後的鄰家女孩，教她下棋學外語練書法。他不肯無償地接受贈送的報刊雜誌，也不願濫用公家的一紙一物，但他經常資助弱者，他故世後從他的遺物中發現多種捐款證明書。八十年代中期，他曾代表世界宗教研究所去泰國參加一個宗教會議，由國外組織者提供個人費用，會後尚有結餘，本可自用，然而他覺得「雖以學者身份出國，亦不可不稍顧世俗人情。而多收百餘美金歸國亦覺微失體統」，因此他將此捐贈給大寺中的一位美國比丘。

生活照之一：練字

生活照之二：寫字

梵澄的「仁」也不是無原則的，他總是直言不諱提出自己的觀點，也就是在那次泰國會議上，他極其鮮明地提出「佛教徒不當參與政治。教會活動和世俗活動當分。」並以中外歷史事實說明宗教化的國家易亡，而「佛徒一受權力之誘惑，亦易致墮落。」

在對待家庭和親屬的關係上，也充分反映了他的仁義和原則性。為了挽救他侄子垂危的生命，他可以改變自己的行事準則，請求幾近斷絕來往的海外友人盡速代購藥物療具，甚至寫報告給有關當局，力陳必須批准所申請的外匯。然而，當他侄兒的子女來京住在他家時，竟私自翻其抽屜，清理其書信時，且有其他無禮之行為，作為叔祖的梵澄給他們寫了一封進行現代化教育的信，指出：「人權，在家庭中亦當遵守。言現代化，則有規矩當守，言西化則有禮貌當遵守者也。」從這些教言中，可見這位耄耋老人對「現代化」的意義是多麼清楚。雖然他愛寫古樸的文字，生活不追求時尚，但他的思想意識卻是真正的「現代化」。

他曾在〈希臘古典重溫〉中強調：「古不可復。古，無由復，不能復，亦不應當復。人類須是生活在現在而望著將來。但刻刻進步或說轉變，現在旋

生活照之三：休息

生活照之四：旅遊

自書條幅：司馬溫公《真率銘》

晚年眼力不濟時自己設計的書寫格尺

即成為過去，三時一貫，了無間歇。」他以羅馬人造揚魯斯神像，一面正對過去，向後，一面正向未來，向前，形象地説明：「凡我們對古代文化的研究，原則是表之於此一象徵。無論從東西方我們攝得其文化菁華，正有以供現代與將來的發展。」梵澄以畢生的精力治精神哲學，因為他感悟這一探討宇宙和人生真理的哲學，「係立於各個文明系統之極頂。其盛、衰、起、伏，實與各國家、民族之盛、衰、起、伏息息相關。」因此他不斷激勵自己和讀者在精神上要「永遠的超上」，才能不斷創造「現代化」。

徐梵澄先生以其不平常的心路歷程，為後人留下了不少以其實踐和刻苦鑽研而獲得的感悟，是我國人民實行「現化化」道路中極其寶貴的精神財富，值得認真的研究和學習。二〇〇六年上海三聯書店和華東師範大學出版社出版的《徐梵澄文集》，為這一學習和研究創造了良好的條件。

自製印章

註1：見徐梵澄〈星花舊影〉，載《魯迅研究資料》第11輯，1983年天津人民出版社出版。以下凡寫與魯迅交往及有關書信而未注出處者，均見於此篇。

《一代漂泊文人》照片來源

慘遭戕殺的青年作家柔石

柔石（1902～1931）	《柔石日記》趙帝江、姚錫佩編
寧海故居	《柔石》孔海珠撰
寧海故居臥室兼書房	《柔石日記》
日記封面集影	複製件、趙帝江提供
畢業照（1923年）	《柔石日記》
原題「生命的一剎那」—— 與學生應家姐弟合影（1923年）	同上
小說《課妻》原型（1923年1月3日日記首頁）	複製件、趙帝江提供
以《山海經》帝江形象創製的印章	《柔石評傳》王艾村撰
小說集《瘋人》封面	原書複製魯迅博物館
與學友陳昌標合影	《柔石日記》
詩稿（1925年秋北京）	原件複製、魯迅博物館藏
寧海縣立中學全體教職員合影（1927年）	《柔石評傳》王艾村撰
中短篇小說封面（希望、舊時代之死、三姐妹、二月等）	原刊複製、魯迅博物館藏
在龍華娘娘宮前（1929年上海）	趙帝江提供
編輯的部分書刊（《朝花旬刊》《藝苑朝華》等）	原刊複製、魯迅博物館藏
部分翻譯著作（《浮士德與城》《戈爾基文錄》）	同上
據小說《二月》改編的電影《早春二月》（孫道臨和謝芳分別飾演男女主角）	《中國電影藝術史綱》封敏著
斯諾譯《為奴隸的母親》（漢英對照）	原件複製、魯博藏
日記（1929年12月22日）	複製件、趙帝江提供
中國左翼作家聯盟成立大會地點（原中華藝術大學舊址）	《柔石》孔海珠撰

馮鏗　據《前哨》複製
柔石致許峨信　《柔石》孔海珠撰
《前哨》紀念戰死者專號　據《前哨》複製
五烈士像和魯迅詩（自上而下：馮鏗、李偉森、柔石、殷夫、胡也頻）　剪貼
凱綏・珂勒惠支木刻《犧牲》　據《北斗》複製

雜文大家聶紺弩的坎坷路

聶紺弩（1903～1986）　聶家屬提供
與夫人周穎在五屆全國政協會議休息廳　同上
呆木頭像　同上
臥佛像　同上
《三草》封面（黃永玉作）　原書複製（自備）
部分著作　《聶紺弩還活著》姚錫佩等編
故居復原圖　《聶紺弩全集》
京山文筆峰塔　《聶紺弩還活著》
以筆名聶畸在海豐《陸安日報》發表的文章　複製件自備
與周穎訂婚於南京（1928年冬）　聶家屬提供
與同鄉好友鮑事天在南京（1928年冬）　同上
攝於1929年春夏間　同上
編輯的副刊《動向》　原刊複製魯博藏
與魯迅、胡風共同創辦的雜誌《海燕》　原刊複製魯博藏
1938年在皖南新四軍軍部（左起黃源、彭柏山、聶紺弩）　聶家屬提供
1938年在西安（左起：塞克、田間、紺弩、蕭紅、丁玲、端木蕻良）　同上
1948年攝於香港　同上
1949年在香港（左起：周而復、洪遒、聶紺弩）　同上

1951 年攝於北京　　同上

五十年代與愛女海燕在北京　　同上

五十年代工作、政治運動記錄本　　原件複製自備

聶紺弩在北大荒：老頭上工圖（丁聰畫）　　丁聰提供

1976 年 11 月 2 日從山西返京時在北京火車站合影（中周穎，右駱賓基，後中左聶紺弩，後中右戴浩）　　據《新文學史料》(2003 年第 3 期）複製

與胡風、蕭軍三家人劫後生還合影（1980 年秋）　　聶家屬提供

紺弩與周穎結婚五十周年照　　同上

詩《贈高抗》手蹟　　複製件自備

熱腸倚枕寫文章（郁風畫於 1985 年 3 月 3 日）　　郁風、黃苗子提供

詩「八十虛度」手蹟　　自備

為周穎辨正

在郵電醫院接待李健生、陳鳳兮與朱靜芳等（後左起：周穎、李健生、陳鳳兮、朱靜芳、戴醫生）　　方瞳提供

聶紺弩追悼會簽名冊上李健生的簽名　　同上

周穎致朱靜芳信（1979 年 3 月 14 日）　　朱靜芳提供

特赦歸來與周穎、重病的三嫂合影（1976 年冬）　　聶家屬提供

與住在家中的留蘇老同學胡建文攝於 1981 年春節　　同上

在家中接待秦似、彭燕郊（1982 年）　　同上

在家中接待高旅（1982 年）　　《聶紺弩全集》

周穎致朱靜芳信（1988 年 10 月 19 日姚辛代筆）　　朱靜芳提供

贈周大姐詩三首　　複製件自備

紺弩和周穎對奕　　聶家屬提供

紺弩親屬在追悼會上（周穎左旁外孫女方娟，中養女吳丹丹，右外孫方瞳）　　方瞳提供

周穎致朱靜芳信（1983 年 12 月 8 日）　朱靜芳提供
聶紺弩追悼會上部分輓聯　方瞳提供

［後續］
周穎手書的最初發送聶紺弩訃聞的名單　原件複製自備

避禍海外的翻譯家、戲劇家姚克

姚克（1905 ～ 1991）　原件複製魯博藏
吳雯母女和姚志曾等親屬及筆者　自備
斯諾　《斯諾文集》
姚克與魯迅　原件複製魯博藏
活的中國　原書複製魯博藏
革命的中國藝術展說明書　《魯迅研究資料》
展出的部分木刻作品　同上
《天下月刊》姚莘農文：魯迅　自備
《魔鬼的門徒》精裝、普裝本封面　原書複製魯博藏
吳雯母女訪吳伆之（筆者陪同）　自備
姚湘訪黃佐臨、孫浩然（左二黃佐臨，左三孫浩然）
同上
梅蘭芳演出的《貞娥刺虎》之一　梅蘭芳紀念集
梅蘭芳演出的《貞娥刺虎》之二　同上
《清宮秘史》開拍前合影（第二排右起坐者：周璿、舒適；三排右起立者：朱石麟）
朱楓、朱樟提供
晚年姚克夫婦在美國　吳雯提供
斯諾致希爾達（姚湘）信　姚湘提供

［附錄］
斯諾致姚莘農函　姚湘提供

都市漂泊文人徐訏

徐訏（1908～1980）	葛原提供
《殘月孤星》書影	自備
魯迅贈條幅之一	上海紀念館藏品
魯迅贈條幅之二	同上
徐訏與林語堂	《殘月孤星》葛原著
《人間世》封面	原刊複製魯博藏
據《鬼戀》改編的電影《人約黃昏》海報（陳逸飛執導，梁家輝主演）	《殘月孤星》
《一家》、《春韭集》、《幻覺》書影	吳雅慧提供
《風蕭蕭》書影	同上
六十年代的徐訏	《殘月孤星》
徐訏和姚克在香港	同上
與艾青在中國抗戰文學研討會上（1980 年 6 月）	同上
部分著作	余冠漢提供
《母親的肖像》、《花神》書影	吳雅慧提供
《風蕭蕭》出版五十周年紀念版	《殘月孤星》
抱在母親懷中的葛原與身旁的外婆	葛福燦提供
葛福燦攝於 1950 年在香港與丈夫相見時	同上
葛原攝於 1980 年去香港探父時	葛原提供
皈依天主教處（原律敦治肺病療養所）	同上

自放域外的學問家徐梵澄

徐梵澄（1905～2000）	姜麗蓉提供
《語絲》第 4 卷第 32 期署名馮珧文	原件複製魯博藏
《萌芽》第 1、2 期署名迹餘文	同上
寄魯迅的部分外國原版小說	同上

寄魯迅的部分美術書籍	同上
魯迅翻印出版的畫冊之一（《凱綏・珂勒惠支版畫集》和《一個人的受難》）	同上
魯迅翻印出版的畫冊之二（《士敏土木刻插圖本》）	同上
《士敏土》木刻插圖	同上
《士敏土》木刻插圖	同上
從海德堡寄魯迅的信首頁（1930 年 7 月 4 日）	同上
贈魯迅的部分自製木刻畫和題詞之一：罐梨	同上
贈魯迅的部分自製木刻畫和題詞之二：風景	同上
贈魯迅的部分自製木刻畫和題詞之三：聖誕老人	同上
贈魯迅自製木刻魯迅像之一	同上
贈魯迅自製木刻高爾基像和題詞	同上
與馮至在德國海德堡	馮姚平提供
詠懷詩集句序 1、2 頁	原件複製魯博藏
1931 年 7 月 14 日自繪海德堡住宅	姜麗蓉提供
尼采像	複製件魯博藏
部分譯著《尼采自傳》《朝霞》	原書複製魯博藏
贈魯迅詩集影	原件複製魯博藏
題木刻畫箋	同上
在《人間世》發表的雜文之一	原刊複製魯博藏
在《人間世》發表的雜文之二	同上
與滕固等留德友人（前排左：朱自清，右：朱偰；後排左起：馮至、陳康、徐梵澄、滕固、蔣復璁，朱偰攝於 1932 年德國柏林 Eichkamp——馮至住處）	朱元春提供
與常任俠等在印度泰戈爾國際大學	姜麗蓉提供
中年攝於印度	同上
印度聖哲阿羅頻多	自備
神聖母親——法國密那氏	同上
晚年攝於阿羅頻多修道院	姜麗蓉提供

在修道院展出的畫之一	同上
在修道院出版的部分書籍	同上
與季羨林、馮至在北京	同上
《奧義書》封面	同上
歸國後出版的部分書籍	同上
訂正書籍中的錯誤	同上
生活照之一：練字	同上
生活照之二：寫字	同上
生活照之三：休息	詹志芳提供
生活照之四：旅遊	姜麗蓉提供
訪魯迅之子周海嬰	同上
自書條幅：「吾齋之中不尚虛禮」	徐崇善提供
自製印章	姜麗蓉提供
晚年眼力不濟時自己設計的書寫格尺	同上

《一代漂泊文人》感謝圖片提供者

慘遭戕殺的青年作家柔石

趙帝江先生、孔海珠女士、王艾村先生、封敏女士

雜文大家聶紺弩的坎坷路

方瞳先生、方涓女士、丁聰先生、郁風女士、黃苗子先生、朱靜芳女士

避禍海外的翻譯家、戲劇家姚克

朱楓女士、朱樟女士、吳雯女士、姚湘女士

都市漂泊文人徐訏

葛福燦女士、葛原女士、吳雅慧女士、蔡登山先生、余冠漢先生

自放域外的學問家徐梵澄

姜麗蓉女士、馮姚平女士、朱元春女士、詹志芳女士、徐崇善先生、
北京魯迅博物館資料部

世紀映像叢書

1. 百年記憶—中國近現代文人心靈的探尋
   蔡登山・著
2. 青山有史—台灣史人物新論
   謝金蓉・著
3. 雪泥鴻爪—近代史工作者的回憶
   陶英惠・著
4. 大師的零玉—陳寅恪，胡適和林語堂的一些瑰寶遺珍
   劉廣定・著

5. 玫瑰，在她如此盛開的時候—探索女性文學的綺麗世界
   朱嘉雯・著
6. 錢鍾書與書的世界
   林耀椿・著
7. 徐志摩與劍橋大學
   劉洪濤・著
8. 魯迅愛過的人
   蔡登山・著

世紀映像叢書

9. 數風流人物—梁啟超、徐志摩、陳獨秀、雷震
   吳銘能・著
10. 文學風華—戰後初期13著名女作家
   應鳳凰・著
11. 李長之和他的朋友們
   于天池、李書・合著
12. 丁文江圖傳
   宋廣波・著

國家圖書館出版品預行編目

一代漂泊文人 / 姚錫佩著. -- 一版. -- 臺北
市 : 秀威資訊科技, 2007[民96]
面 ; 公分. -- (史地傳記 ; PC0025)

ISBN 978-986-6909-24-5(平裝)

1. 中國文學 - 傳記

782.248　　96009522

史地傳記　PC0025

一代漂泊文人

作　　者 / 姚錫佩
主　　編 / 蔡登山
發 行 人 / 宋政坤
執行編輯 / 詹靚秋
圖文排版 / 莊芯媚
封面設計 / 莊芯媚
數位轉譯 / 徐真玉、沈裕閔
圖書銷售 / 林怡君
法律顧問 / 毛國樑　律師
出版印製 / 秀威資訊科技股份有限公司
台北市內湖區瑞光路583巷25號1樓
電話：02-2657-9211　傳真：02-2657-9106
E-mail：service@showwe.com.tw
經 銷 商 / 紅螞蟻圖書有限公司
台北市內湖區舊宗路二段121巷28、32號4樓
電話：02-2795-3656　傳真：02-2795-4100
http://www.e-redant.com

2007 年 6 月　BOD 一版
定價：230元

讀　者　回　函　卡

感謝您購買本書，為提升服務品質，煩請填寫以下問卷，收到您的寶貴意見後，我們會仔細收藏記錄並回贈紀念品，謝謝！

1.您購買的書名：______________________

2.您從何得知本書的消息？

□網路書店　□部落格　□資料庫搜尋　□書訊　□電子報　□書店

□平面媒體　□ 朋友推薦　□網站推薦　□其他__________

3.您對本書的評價：(請填代號　1.非常滿意 2.滿意 3.尚可 4.再改進)

封面設計____　版面編排____　內容____　文/譯筆____　價格____

4.讀完書後您覺得：

□很有收獲　□有收獲　□收獲不多　□沒收獲

5.您會推薦本書給朋友嗎？

□會　□不會，為什麼？______________________________

6.其他寶貴的意見：______________________________

____

____

____

讀者基本資料

姓名：________________　年齡：_____　性別：□女　□男

聯絡電話：______________　E-mail：________________

地址：______________________________

學歷：□高中(含)以下　□高中　□專科學校　□大學

□研究所(含)以上　□其他____________

職業：□製造業　□金融業　□資訊業　□軍警　□傳播業　□自由業

□服務業　□公務員　□教職　□學生　□其他__________

請貼
郵票

To：114

台北市內湖區瑞光路 583 巷 25 號 1 樓

秀威資訊科技股份有限公司　　收

寄件人姓名：

寄件人地址：□□□

(請沿線對摺寄回,謝謝!)

秀威與 BOD

BOD（Books On Demand）是數位出版的大趨勢，秀威資訊率先運用 POD 數位印刷設備來生產書籍，並提供作者全程數位出版服務，致使書籍產銷零庫存，知識傳承不絕版，目前已開闢以下書系：

一、BOD 學術著作—專業論述的閱讀延伸
二、BOD 個人著作—分享生命的心路歷程
三、BOD 旅遊著作—個人深度旅遊文學創作
四、BOD 大陸學者—大陸專業學者學術出版
五、POD 獨家經銷—數位產製的代發行書籍

BOD 秀威網路書店：www.showwe.com.tw
政府出版品網路書店：www.*gov*books.com.tw

永不絕版的故事・自己寫・永不休止的音符・自己唱